HARVARD BUSINESS ESSENTIALS

GERENCIANDO PROJETOS GRANDES E PEQUENOS

HARVARD BUSINESS ESSENTIALS

Outros títulos da série:

Contratando e mantendo as melhores pessoas
Ferramentas para empreendedores
Finanças para gerentes
Gerenciando a crise
Gerenciando mudança e transição
Negociação
Gerenciando a crise
Estratégia
Tomando decisões

HARVARD BUSINESS ESSENTIALS

GERENCIANDO PROJETOS GRANDES E PEQUENOS

RICHARD LUECKE
CONSULTORIA DE ROBERT D. AUSTIN

Tradução
RYTA VINAGRE

Revisão Técnica
TITO RYFF

2010

CIP-BRASIL. CATALOGAÇÃO-NA-FONTE
SINDICATO NACIONAL DOS EDITORES DE LIVROS, RJ

L964g
Luecke, Richard
Gerenciando projetos grandes e pequenos / Richard Luecke; tradução Ryta Magalhães Vinagre. – Rio de Janeiro: Record, 2010.
–(Harvard business essentials)

Tradução de: Managing projects large and small
Inclui bibliografia
ISBN 978-85-01-08328-9

1. Administração de projetos. I. Título. II. Série.

09-3661

CDD: 658.404
CDU: 65.012.3

Original work copyright © 2004 Harvard Business School Publishing Corporation
Published by arrangement with Harvard Business School Press
Título original norte-americano: MANAGING PROJECTS LARGE AND SMALL

Capa: Sérgio Campante

Este livro foi revisado segundo o novo Acordo Ortográfico da Língua Portuguesa.

Direitos de publicação exclusiva em língua portuguesa no Brasil
adquiridos pela EDITORA RECORD LTDA.
Rua Argentina 171 – Rio de Janeiro, RJ – 20921-380 – Tel.: 2585-2000
que se reserva a propriedade literária desta tradução.

Impresso no Brasil
2010

ISBN 978-85-01-08328-9

Seja um leitor preferencial Record.
Cadastre-se e receba informações sobre
nossos lançamentos e promoções.

Atendimento direto ao leitor:
mdireto@record.com.br ou (21) 2585-2002

EDITORA AFILIADA

Sumário

Introdução   9

1. O gerenciamento de projetos como processo   19

Quatro fases

Definição e organização   22

Planejamento   27

Gerenciamento da execução   28

Encerramento   29

Resumo   30

2. O elenco de personagens   31

Quem é quem no gerenciamento de projetos

O patrocinador   32

O gerente   35

O líder da equipe   36

Os membros da equipe   43

Características das equipes eficazes   50

Resumo   59

Gerenciando projetos grandes e pequenos

3. Um termo de abertura por escrito 61

Suas ordens de marcha

Uma ordem para a ação 62

Esclareça os objetivos 64

Vincule-o ao tempo 66

Seja específico ao definir o escopo do projeto 67

Resumo 70

4. Um contexto para a ação 71

Os primeiros passos importantes

Decisões, decisões 72

Identificação e organização de problemas não resolvidos 76

Documentação de decisões e ações 78

Criação de um plano de comunicação 79

Colocando as pessoas em contato 84

Desenvolvimento do orçamento 88

Resumo 90

5. A decomposição do trabalho 91

Do trabalho imenso às tarefas administráveis

Estrutura analítica do projeto 93

Estimativas de tempo e recursos 96

A distribuição do trabalho 97

Um exemplo mais extenso 98

Pode-se continuar? 101

Resumo 102

6. O cronograma de trabalho 103

Colocando os bois na frente da carroça

Exame da relação entre as tarefas 105

Sumário

Criação de um esboço do cronograma   107

Otimização do cronograma   111

Uso de software de cronograma   113

Resumo   114

7. Ajustes e trade-offs   115

Mais ajuste fino

Quando um projeto não se ajusta   116

Conteste os pressupostos   118

Revise tarefas e prazos   121

Resumo   123

8. Administrando o risco   125

Perscrutando o horizonte nebuloso

O que é gestão de risco?   127

Identificar e priorizar os riscos do projeto   128

Tomar medidas para evitar ou minimizar os riscos   130

Desenvolver planos de contingência para lidar com possíveis reveses   132

Resumo   134

9. A adaptação do projeto   135

Como lidar com o que você não pode prever

Origens do risco imprevisto e suas consequências   138

A abordagem do gerenciamento adaptativo   141

Resumo   145

10. Começando com o pé direito   147

As necessidades do projeto a se ter em mente

Por que as reuniões de lançamento são importantes?   148

Crie mecanismos de integração   151

Gerenciando projetos grandes e pequenos

Estabeleça normas de comportamento   152

Resumo   154

11. Mantendo-se nos trilhos   157

Como manter o controle

Monitorar e controlar o projeto   158

Como lidar com problemas de outros   164

O papel da comunicação   170

Tratando os problemas   171

Resumo   174

12. A fase de encerramento   175

Fechando o pacote

Avaliação de desempenho   177

Documentação   178

Lições aprendidas   179

A comemoração   183

Resumo   183

Apêndice A: Ferramentas de implementação úteis   185

Apêndice B: Um guia para reuniões eficazes   189

Notas   193

Glossário   197

Leituras recomendadas   201

Sobre o consultor   203

Índice   205

Introdução

O gerenciamento de projetos é um importante instrumento da administração moderna, em particular para tarefas grandes, específicas, e aquelas que exigem muitas habilidades. Definimos *gerenciamento de projeto* como a alocação, identificação e utilização de recursos para chegar a um determinado objetivo em um período específico de tempo. Esta forma de gerenciamento concentra-se nas atividades características de *projeto*, isto é, um conjunto de atividades que tem como objetivo produzir um único produto (por exemplo, uma nova fuselagem de avião comercial) e é de tempo limitado, com pontos de início e término claros. O ato de projetar um novo carro de passeio, por exemplo, encaixa-se nesta definição de projeto. Seu produto pode ser definido como um conjunto único de especificações de veículo, testadas pelo mercado, que podem ser fabricadas. Depois que estas especificações são concluídas e o novo veículo entra em produção, o projeto termina; a responsabilidade pela produção, marketing, vendas e serviços do carro é transferida a outros departamentos ou unidades de negócios.

Graças às rápidas mudanças e à intensa pressão da concorrência, há cada vez mais trabalho organizacional tornando-se trabalho de projetos. A mudança na tecnologia e na demanda do cliente tornou o trabalho menos rotineiro e reproduzível, isto é, ele se tornou mais singular e menos propenso a ser tratado por departamentos da empresa que estão engrenados em rotinas cotidianas. Ao mesmo tempo, as pressões competitivas obrigaram as empresas a fazer seu trabalho mais rapidamente.

Naturalmente, conseguir que um projeto seja entregue no prazo e dentro do *orçamento* requer um bom gerenciamento. E quanto maior o projeto, mais desafiador se torna essa tarefa. Espera-se que um *gerente de projeto* transforme o que de início é um vago conceito na mente coletiva da alta gerência em um sistema mensurável e claramente justificado que destine à consecução de uma meta organizacional importante um amplo leque de conhecimento, habilidades e recursos. Em resumo, o gerenciamento de projeto — e as pessoas que o dirigem — ajuda uma organização a realizar tarefas grandes e importantes. Os benefícios de um gerenciamento eficaz podem ser imensos. Mencionamos aqui alguns poucos:

- Conseguir que as coisas sejam feitas no prazo e dentro do orçamento — essa atitude aumenta a previsibilidade do negócio.

- Minimizar o tempo de desenvolvimento. Ao encontrar maneiras de cumprir objetivos dentro de horizontes de planejamento razoáveis, o gerenciamento de projetos reduz o risco.

- Uso eficaz dos recursos. O gerenciamento correto do projeto não desperdiça dinheiro nem o tempo de funcionários valiosos.

Dados esses benefícios, não é de surpreender que as técnicas de gerenciamento de projeto sejam aplicadas a importantes tarefas de construção, no desenvolvimento de aeronaves militares e comerciais, na criação de sites de comércio eletrônico, no cinema e em muitas outras tarefas complexas — até mesmo campanhas políticas.

Origem

O estabelecimento de metas, a organização, o planejamento e a gestão no âmbito do gerenciamento de projetos não são nenhuma novidade e sem dúvida eram praticados de uma ou outra forma no passado. As grandes construções do mundo antigo — as pirâmides do Egito, as monumentais edificações e os sistemas de água e esgoto de Roma — têm grande parte das características

Introdução

dos projetos atuais. Nenhum teria sido concluído sem substanciais engenharia, financiamento, mão de obra humana e, também, gerenciamento. O final do século XIX foi igualmente caracterizado por projetos de complexidade e escopo impressionantes: os primeiros arranha-céus, estradas continentais e a construção de imensos navios a vapor.

No início do século XX, os inovadores no campo da engenharia civil começavam a pensar mais sistematicamente no trabalho que enfrentavam. Começaram a dar ouvidos aos defensores da administração científica e, na década de 1930, entraram em uso algumas técnicas usadas por gerentes de projeto profissionais. A represa Hoover, construída entre 1931 e 1935, fez extenso uso de uma ferramenta de planejamento gráfico desenvolvida por Henry Laurence Gantt — o agora conhecido *gráfico Gantt*. Na Segunda Guerra Mundial, o Projeto Manhattan desenvolveu a primeira arma nuclear. No final da década de 1950, a DuPont, auxiliada pela tecnologia de computação da Remington Rand Univac, aplicou a agora conhecida *metodologia do caminho crítico* na tarefa de coordenar a operação e a manutenção de fábricas complexas. Aproximadamente na mesma época, a empresa de consultoria Booz Allen & Hamilton estava trabalhando com a Marinha dos Estados Unidos na criação da *Técnica de Análise e Avaliação de Programa* (PERT — Program Evaluation and Review Technique), cujos gráficos e cronogramas integravam o desenvolvimento do programa submarino nuclear Polaris, de enorme complexidade.

Desde esses anos de formação, as técnicas de gerenciamento de projetos se difundiram na engenharia civil, na construção, na defesa e em muitos outros campos. Talvez sua empresa tenha criado um projeto sobre a instalação de um software de "planejamento de recursos empresariais" no desenvolvimento de seu site de comércio eletrônico ou em outro empreendimento importante. Algumas empresas, na realidade, organizam-se com base em grupos de projetos importantes. No lugar de organizar suas atividades em torno de departamentos convencionais (finanças, marketing etc.), tais empresas incluem as funções em alguns projetos-chave que definem seus negócios. A Microsoft é uma dessas empresas. Embora tenha departamentos tradicionais, as organizações de projetos (Office, Windows etc.) são muito mais importantes para seu sucesso e definem como a empresa opera.

Crescente profissionalismo

Dada a difusão das técnicas de gerenciamento de projetos entre as empresas num amplo leque de setores econômicos, não é de surpreender que as organizações estejam ficando cada vez melhores no planejamento e na estruturação. Estas técnicas também se tornaram o foco dos cursos de treinamento, serviços de consultoria e programas de certificação.

O profissionalismo crescente do gerenciamento de projetos pode ser visto no crescimento de suas organizações. A holandesa International Project Management Association (*www.ipma.ch*), por exemplo, tem filiais localizadas em toda a Europa ocidental, na Rússia e em vários países em desenvolvimento. Fornece treinamento, promove conferências sobre questões de gerenciamento de projeto e patrocina publicações técnicas. Enquanto isso, o Project Management Institute (*www.pmi.org*), sediado nos Estados Unidos, nos arredores da Filadélfia, tem mais de 100 mil membros em 125 países. O instituto patrocina pesquisas e publicações e mantém um rigoroso programa de certificação baseado em exames, que visa o progresso da profissão de gerenciamento de projetos. Dá apoio a pesquisas que objetivam expandir o corpo de conhecimento sobre gerenciamento de projetos e fornece treinamento por meio de seminários periódicos e cursos on-line.

O único aspecto sombrio de um maior profissionalismo e consenso sobre como os projetos devem ser gerenciados é que as pessoas podem ter aprendido bem demais a planejar seu trabalho e trabalhar em seus planos. O problema é que é muito difícil descobrir tudo antecipadamente. O futuro se desenrola de maneiras surpreendentes à medida que as *equipes de projeto* avançam. Isso é particularmente verdadeiro nos setores de rápido movimento. Todo livro sobre o tema lhe dirá que os gerentes de projeto devem estar preparados para surpresas e que os planos devem ser suficientemente flexíveis para acomodar tais surpresas. Todos entendem isso. O resultado é a maior atenção à *gestão de risco*, a parte do gerenciamento de projetos que tenta prever e criar planos contra o que pode dar errado. E se nosso protótipo falhar? E se as exigências dos clientes mudarem antes de terminarmos o projeto? Os *planos de contingência* são desenvolvidos para lidar com esses riscos.

Infelizmente as pessoas não têm como prever tudo o que pode dar errado, nem podem pensar em todas as oportunidades que encontrarão ao longo da jornada — oportunidades que devem estimular a equipe a considerar o descarte de seu antigo plano em favor de algo novo. Pior ainda, depois que são aprovados e registrados em documentos de planejamento, os planos e cronogramas tornam-se intocáveis. Quem se desvia deles ou não consegue cumprilos no prazo e dentro do orçamento, corre o risco de cair em desgraça frente à gerência. Ao tornar os planos e cronogramas intocáveis, os executivos, às vezes involuntariamente, fomentam um comportamento disfuncional no qual os problemas são varridos para debaixo do tapete e pessoas que soam o alarme são ignoradas ou expulsas. Isso não é raro. Qualquer um com experiência substancial nesta área pode apontar um ou outro projeto que, na superfície, parecia estar nos trilhos, mas fracassou nas etapas finais porque as pessoas tinham medo de dizer alguma coisa sobre problemas que conheciam. Estes problemas invariavelmente se manifestam nas últimas semanas ou meses, quando é tarde demais para fazer alguma coisa. Este problema de comportamento será abordado em dois pontos neste livro nos quais o equilíbrio do planejamento e da adaptação são mais relevantes. Os gerentes de projeto devem aprender a cumprir as expectativas formadas no início de um projeto e a fazer ajustes no meio do caminho.

O que temos pela frente

Como outros livros da série Harvard Business Essentials, este não pretende torná-lo um especialista, nem o conduzirá por uma extensa pesquisa acadêmica. Em vez disso, dará os conselhos direcionados que você precisa para se tornar mais eficaz rapidamente. Aborda os dois aspectos essenciais do tema: as técnicas de gerenciamento de projeto (projeto, planejamento, execução e assim por diante) e as muitas questões específicas da equipe, que são absolutamente necessárias para o sucesso. O componente do gerenciamento de projeto na equipe é de importância fundamental e, no entanto, é subestimado em muitos livros.

O primeiro capítulo o introduzirá no quadro geral, descrevendo brevemente os quatro processos envolvidos no desenvolvimento de projetos: definir e organizar o projeto, planejá-lo, executar o gerenciamento do projeto e encerrar o projeto depois que o objetivo é alcançado. Os capítulos subsequentes descrevem estes processos com mais detalhes.

O segundo capítulo revela o elenco de personagens que, em geral, estão envolvidos no desenvolvimento de projetos: o *patrocinador*, o gerente, os líderes e os membros da equipe. Cada participante tem papéis e responsabilidades que serão revelados aqui.

O capítulo seguinte, o terceiro, segue o exemplo dos projetos para o trabalho em equipe. Como toda equipe, um projeto precisa de uma base escrita que declare quais serão suas ações, o tempo no qual operará, os recursos de que disporá e os produtos esperados pelo patrocinador e outros principais *interessados*. Na ausência desse *termo de abertura*, a equipe de projeto não poderá ter certeza de seus objetivos ou das expectativas dos interessados. Pior ainda, no final da estrada, o patrocinador pode dizer: "Não era isso que eu queria!" Essas coisas acontecem.

De posse do termo de abertura, um projeto está pronto para decolar. Mas não tão rápido. Questões operacionais internas devem ser tratadas e acordadas. Estas incluem a maneira como as decisões serão tomadas, um método para identificar problemas não resolvidos, um plano para comunicar-se com os membros do projeto e os interessados etc. Tais questões são abordadas no quarto capítulo.

O quinto capítulo introduz uma das técnicas fundamentais do gerenciamento de projetos: a *Estrutura Analítica do Projeto* (WBS — *Work Breakdown Structure*). Não se pode planejar um projeto sem uma firme apreensão desta técnica. A WBS decompõe o projeto em um conjunto de tarefas administráveis e pequenas, com uma estimativa de tempo e verba necessárias para a conclusão de cada uma delas.

Se você tiver o cuidado de pensar em tudo o que deve ser feito para cumprir seu objetivo, estará pronto para o capítulo seguinte, sobre o cronograma de trabalho. A preparação de cronogramas começa com a compreensão das dependências que existem entre as tarefas definidas por meio da WBS. As dependências são importantes. Por exemplo, quando se prepara para trabalhar de manhã, é melhor tomar um banho *antes* de se vestir. Não concorda com isso? E, quando você se veste, é sensato colocar as meias antes dos sapatos. Lidar com estas tarefas na ordem errada criaria uma tremenda confusão. Acontece o mesmo com tarefas de projeto: algumas devem esperar até que outras sejam concluídas ou parcialmente concluídas. Outras podem ser realizadas paralelamente. Você aprenderá sobre dependências de tarefas no sexto capítulo e também lerá sobre como utilizar esse conhecimento para programar tarefas empregando ferramentas como os gráficos Gantt e PERT. A importante questão do caminho crítico também é explicada aqui.

A estrutura analítica do projeto e a preparação de cronogramas em geral revelam discrepâncias entre o que é possível e o que é especificado no termo de abertura e nas expectativas dos interessados. Por exemplo, você pode ter um chefe que insiste na conclusão de um projeto em quatro meses com um orçamento de US$ 200.000. Se for impossível ter uma conclusão satisfatória sob os termos existentes, terão de ser feitos *trade-offs* e ajustes — temas do sétimo capítulo.

O oitavo capítulo trata da gestão de risco. O planejamento de projetos envolve o futuro, que tende a conter surpresas e reveses. Quais são os maiores riscos que seu projeto enfrenta? Será que a equipe científica não conseguirá produzir um protótipo funcional no prazo? O que aconteceria se um importante fornecedor saísse do mercado ou entregasse um material abaixo dos padrões? Este capítulo mostrará como identificar seus riscos, tomar medidas para evitar ou minimizar o impacto deles e desenvolver planos de contingência. O tema do risco continua no nono capítulo, mas aqui o foco está nos riscos que você não pode identificar razoavelmente nem prever. Propõe como solução um gerenciamento de projetos com abordagem adaptativa. Esta abordagem destaca pequenos passos incrementais seguidos da avaliação e do ajuste, ciclos rápidos, fornecimento precoce do valor e aprendizado rápido pelos membros da equipe de projeto.

O décimo capítulo trata de dois detalhes preparatórios que devem ser abordados: o sumamente importante lançamento de projeto e o trabalho de equipe. A seção de lançamento explica o porquê e o como das reuniões de lançamento de projeto. Esta reunião deve indicar o início de um importante empreendimento que esteja alinhado com as metas mais elevadas da organização e do qual se beneficiarão todos os participantes. Deve também dar claras evidências de que a alta gerência apoia o projeto e seu pessoal. A seção seguinte do décimo capítulo é um manual sobre os fundamentos do trabalho em equipe. Explica como a liderança do projeto deve estabelecer normas de comportamento, como comparecer a reuniões, dar e receber feedback, a importância da confidencialidade etc. Se as pessoas não entenderem como trabalhar em equipe, é improvável que tenham sucesso.

O décimo primeiro capítulo diz aos gerentes de projeto e líderes de equipe como manter direcionados o controle e o trabalho do pessoal. Quando os recursos são finitos e os prazos são fixos, eles não podem deixar que indivíduos e equipes de trabalho operem à força e sem coordenação. Todos devem trabalhar pelas mesmas metas. Quatro meios de manter o controle do projeto são propostos neste capítulo: orçamentos que se coadunem com os gastos, a conversão dos conflitos de desperdício de tempo em colaboração, a comunicação e a eliminação de problemas.

O décimo segundo capítulo volta-se para a quarta e última fase do gerenciamento de projetos: o encerramento. O encerramento é quase tão importante quanto o lançamento do projeto. Nesta altura, a equipe entrega seus resultados ao patrocinador e aos interessados, agradece às pessoas pela colaboração, comemora, documenta seu trabalho e depois tenta aprender com a experiência que teve. Nestes passos, o aprendizado deve ser o mais importante. As pessoas devem responder à pergunta: "Se pudéssemos começar tudo de

Introdução

novo amanhã, o que mudaríamos?" Elas levarão a resposta — e as lições — aos projetos seguintes. E não se engane, haverá novos projetos.

A parte final desse livro contém quatro itens que você pode considerar úteis. O primeiro é um conjunto de planilhas e listas de verificação de gerenciamento de projetos.

Versões interativas e gratuitas dessas e de outras ferramentas em destaque na série Harvard Business Essentials podem ser baixadas do site oficial da série, *www.elearning.hbsp.org*. Dê uma olhada. É provável que você encontre ferramentas que poderá usar.

O segundo item é um guia para reuniões eficazes. Em geral, os projetos têm muitas reuniões. As pessoas mais conscienciosas não gostam de reuniões, e com razão, uma vez que muitas reuniões são uma perda de tempo. Mas as reuniões são essenciais, e as reuniões dirigidas com eficácia resultam em ação. Não são uma perda de tempo. Este breve guia o ajudará a se preparar para reuniões, presidi-las corretamente e dar a elas seguimento no intuito de obter resultados melhores.

O terceiro item é um glossário de termos. Cada disciplina tem seu vocabulário específico e o gerenciamento de projetos não é exceção. Quando vir uma palavra em itálico no texto, é sua dica de que esta é definida no glossário.

Por fim, a seção Leituras Recomendadas identifica livros e artigos que podem lhe contar mais sobre os temas abordados neste livro. Se quiser se aprofundar em alguns aspectos do gerenciamento de projetos, essas fontes suplementares estão prontamente disponíveis.

O conteúdo deste livro se baseia intensamente em vários livros, artigos e publicações on-line da Harvard Business School Publishing, em particular os módulos sobre gerenciamento de projetos e liderança de equipes do Harvard Manage Mentor®, um serviço on-line. Todas as outras fontes são apontadas com as habituais notas no final do livro.

O gerenciamento de projetos como processo

Quatro fases

Principais tópicos abordados neste capítulo

- *Uma visão geral das quatro etapas do gerenciamento de projetos*
- *A descoberta das principais questões de seu projeto*
- *A identificação dos interessados em seu projeto*

HÁ PROJETOS DE todos os tipos e tamanhos, da construção de estações espaciais orbitais à instalação de novos sistemas de informação. Todavia os elementos essenciais do gerenciamento de projetos são os mesmos. Estes elementos em geral são abordados em um processo de quatro fases:

1. Definição e organização

2. Planejamento

3. Gerenciamento da execução

4. Encerramento

Este capítulo traz uma visão geral desse processo.

A Figura 1.1 representa as quatro etapas como um modelo integrado. De certo modo, este modelo é linear: primeiro, definimos e organizamos o projeto, depois planejamos o trabalho detalhadamente e assim por diante. Mas a realidade do gerenciamento de projeto nunca é tão simples. Muitos aspectos do projeto não podem ser previstos. Alguns destes aspectos são negativos — por exemplo, um importante fornecedor pode estar paralisado por uma greve ou o gerente de projeto pode aceitar uma oferta para integrar outra empresa. Outros são positivos, por exemplo, um membro da equipe de projeto, no curso do desenvolvimento de um novo produto, descobrir um novo mercado importante e que só poderia ser explorado com um produto de especificações um tanto diferentes. Uma descoberta como essa representa uma oportunidade importante e imprevista para a empresa. O aproveitamento desta oportunidade requer mudanças no cronograma e no orçamento do projeto. Assim, o modelo não é inteiramente linear, e o mesmo deve acontecer com os ciclos de feedback e oportunidades, para que haja um reajuste entre as quatro fases. Mesmo a última fase do modelo, o encerramento do projeto, tem um ciclo de feedback que informa o início do projeto seguinte. Este feedback pode ajudar a organização a aprender com sua experiência e melhorar o desempenho de projetos futuros.

FIGURA 1.1
O modelo de gerenciamento de projetos

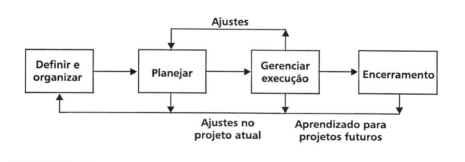

Quer você esteja criando um sistema de backup para a rede de computadores de sua empresa ou esteja ocupado trabalhando na próxima sonda a Marte, você lidará com esse processo de quatro fases ou algo muito parecido. Cada fase é descrita brevemente a seguir e daremos os detalhes nos capítulos subsequentes.

Definição e organização

Essa fase tem dois propósitos:

1. Definir os objetivos do projeto com a maior clareza possível

2. Organizar as pessoas corretas e os recursos necessários em torno desses objetivos

A definição do objetivo

Em *Através do espelho,* de Lewis Carroll, Alice pergunta ao Gato de Cheshire: "Poderia, por favor, me dizer que caminho devo tomar para sair daqui?" O gato responde que o caminho certo depende de para onde ela quer ir. "Não me importo muito com o destino", diz Alice, "desde que eu chegue a algum lugar." O gato responde: "Ah, certamente é o que fará, se andar por tempo suficiente."

Obviamente você não quer ser como Alice, vagando interminável e aleatoriamente até que, por mero acaso, chegue a algum lugar adequado. A melhor maneira de chegar aonde você vai é, primeiro, identificar seu destino. Este conselho sensato parece óbvio, mas nem sempre é observado na prática. Que problema seu projeto espera resolver? Que produto a gerência espera de sua equipe? Você pode ter respostas claras a estas perguntas, mas é possível que nem todo mundo concorde com você. Outros membros da equipe, os interessados finais e os gerentes seniores, que avaliarão o sucesso ou o fracasso de seu trabalho, podem ter expectativas um tanto diferentes. Assim, antes de começar a planejar o trabalho, certifique-se de que todos estão cantando a mesma música. Identifique o objetivo ou objetivos do projeto nos termos mais claros possíveis. Veremos no segundo capítulo como um termo de abertura de projeto serve a este propósito.

Às vezes é fácil todos concordarem com os objetivos. Isso é especialmente válido quando o resultado desejado se segue claramente à motivação para o

projeto — por exemplo, quando todos dizem em uníssono: "O problema é..."
Os professores de Harvard, Lynda Applegate, Robert Austin e Warren
McFarlan, referem-se a essas situações como "projetos altamente estruturados".
Na descrição de projetos de tecnologia de informação, dizem eles: "O termo
'altamente estruturado' significa que a natureza da tarefa define seus resultados,
que a possibilidade de os usuários mudarem de ideia sobre os resultados de-
sejados é praticamente inexistente, e que não estão presentes questões que
exijam mudanças significativas no gerenciamento."[1] Infelizmente, poucos projetos são altamente estruturados. Os objetivos nem sempre são compartilhados.
Mesmo a definição do problema pode ficar sem solução. Considere este exemplo:

> *A gerência sênior recrutou Sam, gerente do departamento de TI da empresa, para
> desenvolver novos banco de dados e sistema de entrada de dados — e ele está
> preparado para começar a trabalhar amanhã. Na realidade, ele esteve esperan-
> do o ano todo pelo sinal verde para atualizar estas partes do sistema de TI da
> empresa. Mas sua resposta realmente abordará o problema? "Sei qual é o proble-
> ma", responde ele. "Todos estão reclamando que não conseguem dados do siste-
> ma com rapidez. E eles têm de vasculhar muitos relatórios para compilar as
> informações sobre clientes necessárias para tomar decisões."*

As queixas citadas por Sam podem ser autênticas, mas são apenas sintomas
de um problema e não expressam claramente as necessidades do usuário. Que
necessidades são essas? Ninguém tem certeza da resposta. O pessoal do marketing cita algumas necessidades de informações, mas os funcionários da fabricação e das finanças podem mencionar outras. Nem há nenhuma indicação
de *quando* a correção é necessária, ou o quanto a empresa está disposta a gastar para consertar os problemas percebidos.

Eis outro exemplo: "Desenvolver um site, a um custo razoável, capaz de
dar informações sobre o produto de forma rápida, correta e que agrade a nossos clientes." Foi assim que um patrocinador descreveu o objetivo de um projeto. Mas o que exatamente ele quis dizer? O que significa "rápida"? Como
"correta" deveria ser definido? Seria aceitável um erro em mil tentativas, ou

um erro em 10 mil corresponderia às expectativas do patrocinador? Em que grau o custo do site deve ser razoável? Todas são perguntas que devem ser respondidas em consulta ao patrocinador. Todos os objetivos devem ser específicos e mensuráveis; se não o forem, a equipe não terá como saber se os objetivos do patrocinador foram cumpridos. Uma maneira de ter clareza no objetivo é usando o diálogo, cuja meta específica é chegar a um acordo sobre o problema ou oportunidade que motiva o projeto e sobre qual resultado a equipe deve procurar. Também deve haver um prazo dentro do qual os objetivos serão alcançados; o projeto não pode ter um fim em aberto.

As questões descritas nos exemplos são típicas. Os objetivos devem ser esclarecidos e deve-se chegar a um consenso com relação a eles antes que o trabalho real do projeto comece pra valer. Coisas ruins acontecem quando os gerentes não conseguem fazer isso. No primeiro exemplo, Sam, o gerente de TI, corre o risco de perder tempo projetando um sistema que será simples demais ou complicado demais — ou um sistema que não responderá às preocupações fundamentais dos interessados. Seu empregador corre o risco de perder uma grande soma de dinheiro e desperdiçar a energia de muitos funcionários importantes.

O diálogo é uma técnica para esclarecer os objetivos do projeto. Outra, como sugeriu Robert Austin, é desenvolver um protótipo do resultado do projeto. Por exemplo, para um projeto de software, muitos usam um protótipo funcional simples para demonstrar características e funções essenciais. O desenvolvimento do protótipo consome tempo e dinheiro, mas ter à mão uma versão tangível e funcional do resultado final pode gerar um feedback muito útil dos interessados. Um feedback fundamentado no contato com o protótipo, algo como: "De modo geral, gosto do modo como isso funciona, mas eu o tornaria de uso mais fácil", será superior à reação do patrocinador a um documento por escrito que descreva o que pode fazer um software hipotético. Também dá alguma garantia de que você não chegará ao fim de um longo projeto e ouvirá o patrocinador ou o cliente dizer, "Não, não era isso que eu tinha em mente".

Quais são as verdadeiras questões no cerne de seu projeto? Fazer as seguintes perguntas pode ajudá-lo a descobri-las:

Quem são os interessados?

Um interessado é alguém que se beneficiará do resultado de um projeto. Da mesma forma, um interessado é alguém que avaliará o sucesso ou fracasso de um projeto. Os membros da equipe, os clientes e a gerência sênior são todos prováveis interessados. Para identificar os interessados de seu projeto, esteja atento ao que se segue:

- As funções das pessoas que serão afetadas pelas atividades ou resultados de seu projeto

- Os que colaboram com recursos para o projeto, inclusive pessoal, espacial, de tempo, ferramentas ou dinheiro

- Os usuários e/ou beneficiários do resultado do projeto

Cada um deles é um interessado do seu projeto.

- Como é entendida a necessidade ou compreendido o propósito do que estamos tentando fazer?

- Por que as pessoas veem isso como um problema que requer solução?

- Quem tem interesse no resultado?

- Como diferem as várias metas dos interessados?

- Quais critérios os interessados usarão para avaliar o sucesso ou o fracasso?

Responda a essas perguntas corretamente — você e os interessados —, e você aumentará a probabilidade de sucesso do seu projeto.

A organização do esforço

Depois que você tiver certeza de que o projeto tem um objetivo claro, sem ambiguidades, a tarefa seguinte é organizar o esforço. A força motriz por trás desta fase deve ser o executivo que propôs e autorizou o projeto ou a pessoa indicada como gerente do projeto. Em qualquer dos casos, alguém deve criar uma equipe que seja capaz de chegar ao objetivo do projeto.

Nesta fase inicial, o organizador deve considerar o objetivo e determinar aproximadamente quais pessoas e recursos serão necessários para que a tarefa seja realizada. No livro *Strategic Benchmarking*, Gregory Watson dá um vislumbre de como isso foi feito com sucesso no caso do desenvolvimento do modelo Taurus, original da Ford Motor Company, no final da década de 1970. A gerência sênior da Ford literalmente apostou a empresa no projeto do Taurus, que representava uma ruptura significativa em design com relação aos veículos da empresa. Mas foi uma aposta que gerou grandes lucros para a Ford. E a organização da equipe de projeto teve uma participação importante neste sucesso.

Como Watson descreveu, a conclusão do projeto exigia o envolvimento de cada grupo funcional da empresa. Os grupos participaram por intermédio de uma equipe interfuncional chefiada por um gerente de projeto sênior chamado Lew Veraldi. De acordo com Watson, Veraldi teve ampla autonomia na seleção dos membros da equipe, que ele criou mapeando todas as áreas necessárias de expertise técnica e de mercado para produzir e lançar um novo modelo de carro. A participação na equipe era representada em dois níveis: um grupo mais restrito, de pessoas consideradas essenciais, com menos de dez membros e um grande grupo de participantes, somando mais de 400 pessoas. Todos seriam necessários para que a tarefa fosse realizada. Só uma fração deles dedicaria todo seu tempo ao trabalho na Equipe Taurus. Cada membro de equipe, porém, traria todo seu know-how e os recursos de seu departamento funcional.[2]

Como descrevemos aqui, o exercício de mapeamento identificou as pessoas e os recursos necessários para a realização da missão. Entre estes, estava um pequeno grupo de pessoas influentes que formavam, na realidade, um conselho executivo para a equipe de projeto, esta muito maior. Esse grupo essencial tinha influência e autoridade organizacional para alocar recursos. Enquanto centenas de outros eram representados pela equipe de projeto e trabalho destes, o conselho executivo era pequeno o suficiente para tomar decisões próprias e tinha poder para garantir a adesão a estas decisões. (Você também deve observar neste exemplo que tanto o líder quanto o grupo essencial estão sob a definição comum de pesos-pesados. Steven Wheelwright e Kim Clark, que desenvolveram este termo, definiram pesos-pesados como pessoas que têm alta expertise técnica e influência organizacional. Sua participação significa tanto pontos fortes quanto fracos em cada iniciativa relacionada ao projeto.)[3]

É improvável que seus projetos sejam tão grandes e complexos como o do Taurus. Todavia a organização do esforço deve seguir uma abordagem semelhante, isto é, identificar e arregimentar toda a expertise, os recursos e o pessoal necessários para concluir a tarefa. Os detalhes da avaliação das habilidades e recursos necessários serão fornecidos nos capítulos seguintes.

Planejamento

O planejamento é a segunda etapa do gerenciamento de um projeto. É um prelúdio necessário à ação. O planejamento de projeto em geral começa com o objetivo e funciona de trás para frente, perguntando: "Dado nosso objetivo de..., qual conjunto de tarefas devemos concluir?" Mais precisamente, os planejadores devem também decidir em que ordem e em qual prazo devem completar essas tarefas. Por exemplo, se o objetivo é fazer pousar um gato na Lua em cinco anos e trazê-lo de volta em segurança, um plano aproximado, ou estudo de viabilidade, pode assumir a forma exibida na Figura 1.2. Aqui o planejador tomou a meta declarada e a fragmentou em um conjunto de tarefas-chave. Igualmente importante, ele criou prazos dentro dos quais cada tarefa deve ser concluída para que o objetivo geral seja realizado no prazo.

Na fase de planejamento de projeto, é atribuído um tempo razoável para a conclusão de cada tarefa ou subtarefa. Quando são reunidas num cronograma-mestre (com algumas tarefas realizadas em série e outras em paralelo), o gerente de projeto é capaz de determinar se alguns indivíduos estão sobrecarregados enquanto outros não estão sendo exigidos o suficiente e qual o tempo total necessário para o projeto. Se este tempo for maior do que o especificado no termo de abertura, devem ser feitos ajustes ao escopo do projeto, ao cronograma e/ou aos recursos comprometidos no termo de abertura.

O gerente e os membros adequados da equipe devem então analisar as tarefas e determinar se todas são necessárias e se algumas podem ser reprojetadas para que sejam concluídas com maior rapidez e a um custo menor.

FIGURA 1.2
Plano para gato no programa espacial

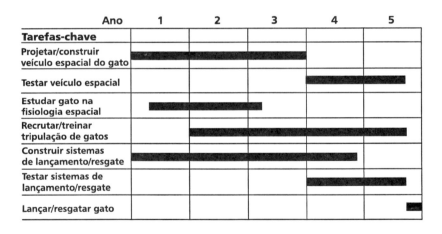

Gerenciamento da execução

Depois que está em andamento, um projeto deve ser gerenciado. Um projeto sem gerenciamento muito provavelmente fracassará. Os esforços serão descoordenados — desperdiçando tempo e dinheiro — ou a energia do pro-

O gerenciamento de projetos como processo 29

jeto será desviada, gerando produtos que não corresponderão àqueles estipulados pelo patrocinador e interessados.

A execução de projeto requer todas as habilidades tradicionais da boa gerência: manter as pessoas motivadas e concentradas nas metas, mediar as pessoas do alto e baixo escalão, tomar decisões, alocar os escassos recursos a seus usos mais importantes, realocar recursos para lidar com problemas emergentes etc. A gerência de projeto também deve monitorar e controlar a adesão ao cronograma, ao orçamento e aos padrões de qualidade. E, como veremos adiante, deve dar atenção especial aos tipos de problemas que andam de mãos dadas com o trabalho em equipe: conflitos interpessoais, colaboração e comunicação.

Encerramento

O encerramento é a última fase do gerenciamento de projeto. Por definição, cada projeto tem um ponto final — a época em que os objetivos são alcançados e os produtos são entregues aos interessados. A esta altura, o projeto deve levantar acampamento e seus membros voltam a suas atribuições comuns.

O aprendizado é a atividade mais importante dessa fase do projeto. Embora a maioria dos participantes esteja ansiosa para voltar a seus deveres tradicionais, devem reservar algum tempo para refletir sobre sua experiência. O que deu certo e o que deu errado? O que poderia ter sido melhorado? Usando os benefícios da compreensão posterior ao fato, como o projeto deveria ter sido planejado e executado? As lições extraídas dessa reflexão devem ser registradas e incorporadas a projetos futuros. Desse modo, a equipe do projeto seguinte estará em boas condições no futuro.

As quatro fases descritas anteriormente são de uso consagrado e muito adequadas para a maioria dos projetos. Os detalhes de cada fase se desenrolarão nos capítulos que se seguem. Mas, como veremos mais tarde, essa abordagem lógica e essencialmente linear é menos adequada para projetos que enfrentam altos níveis de incerteza.

Resumo

- Os projetos têm quatro fases fundamentais: definição e organização, planejamento, gerenciamento da execução e encerramento.

- Embora pareça que as quatro fases devam ser abordadas em sequência, de forma linear, a realidade não é tão simples.

- As tarefas envolvidas na primeira fase são definir claramente os objetivos do projeto e organizar as pessoas e recursos corretos em torno desses objetivos.

- A força motriz por trás da organização de esforço é o executivo que propôs e autorizou o projeto ou a pessoa indicada como gerente de projeto.

- A segunda fase do projeto, o planejamento, em geral começa com o objetivo e trabalha de trás para frente, identificando cada uma das muitas tarefas que devem ser concluídas, estimando o tempo necessário para encerrá-las e programando-as na ordem correta.

- A fase de gerenciamento da execução requer todas as tarefas tradicionais do gerenciamento eficaz, bem como cuidadosos monitoramento e controle. Juntos, eles garantem a adesão ao cronograma, ao orçamento e aos padrões de qualidade.

- Umas das características singulares de um projeto é que ele tem vida limitada. Termina quando os objetivos são alcançados e os produtos são entregues aos interessados. O projeto então termina, mas somente após a união das pontas soltas e a reflexão sobre as lições aprendidas.

O elenco de personagens

Quem é quem no gerenciamento de projetos

Principais tópicos abordados neste capítulo

- *A compreensão dos papéis do patrocinador, do gerente, do líder e dos membros da equipe*
- *A escolha dos líderes*
- *A seleção dos membros da equipe*
- *As seis características das equipes eficazes*

O sucesso do trabalho no projeto é naturalmente afetado pelas pessoas que dele participam. Sim, uma estrutura organizacional sólida tem importância; da mesma forma que o bom gerenciamento. Mas nada disso pode gerar um resultado satisfatório se não estiverem a bordo as pessoas certas — ou se essas pessoas não conhecerem seu papel com clareza. Este capítulo identifica os principais participantes do projeto, seus papéis e responsabilidades. Além disso, contém conselhos sobre as características dos gerentes e equipes de projeto eficazes e sobre como selecionar os membros da equipe.

O patrocinador

Quer um projeto seja formado por um gerente ou por um grupo de membros da equipe, ele deve ter um *patrocinador*. O patrocinador autoriza o projeto. Deve ser um gerente ou executivo com interesse real no resultado e com responsabilidade pelo desempenho do projeto. O patrocinador deve também ter autoridade para definir o escopo do trabalho, prover os recursos necessários e aprovar ou rejeitar o resultado final. Em outras palavras, o patrocinador deve ser uma pessoa com verdadeira influência, alguém que seja capaz de:

O elenco de personagens

33

- Defender o projeto no nível mais alto.

- Eliminar quaisquer obstruções organizacionais.

- Proporcionar os recursos necessários para o sucesso.

- Comunicar-se com eficácia com o CEO e os principais interessados.

No livro *Radical Innovation*, Richard Leifer e colegas fizeram uma observação importante sobre cada um dos dez casos que analisaram. Essa observação é relevante aqui. Eles descobriram que, em cada caso, um patrocinador muito bem situado, ou patrono, foi fundamental para providenciar serviços críticos.[1] Estes patrocinadores mantiveram os projetos vivos proporcionando financiamento — às vezes por canais oficiais e às vezes por baixo dos panos. Eles barraram tentativas de interromper projetos inovadores e promoveram, na alta gerência, o valor das metas do projeto. Sem a proteção e o apoio destes patronos, cada um dos dez projetos teria morrido ou claudicaria, faminto de fundos e de uma conclusão clara.

O patrocinador deve proteger o projeto contra os inimigos de alto nível que veem seu objetivo como uma ameaça a seu terreno pessoal. Isso é particularmente fundamental quando um projeto pretende desenvolver produtos ou tecnologias que, se bem-sucedidos, canibalizarão as vendas dos produtos convencionais da empresa ou os tornarão obsoletos. Nestes casos, os poderosos executivos que representam as linhas de produtos convencionais podem ser hostis às metas do projeto e podem usar seu poder para retirar financiamento ou desmembrar a equipe de trabalho. Aqui é sensato lembrar do aviso de Maquiavel, em *O príncipe*, a todos que tentam alterar o status quo: "Nada é de realização mais difícil, ou de sucesso mais duvidoso, ou de abordagem mais perigosa, do que iniciar uma nova ordem das coisas. Pois o reformador tem inimigos em todos os que lucram com a velha ordem."

Seu projeto tem um patrocinador influente? Se tiver, este patrocinador está agindo como um verdadeiro defensor, dando recursos e afastando os inimigos internos? Será o patrocinador suficientemente sensato para diferenciar o negativismo indesejado e a crítica que identifica problemas verdadeiros?

Se você é um executivo sênior, pense nas pessoas que propôs como patrocinadoras. Estarão elas realmente comprometidas com o sucesso do projeto? Agem como defensoras ou agem mecanicamente? Terá você organizado as coisas para que estas pessoas tenham interesses pessoais — como uma bonificação — no sucesso ou fracasso da equipe? Esta última questão merece atenção especial. Os patrocinadores devem ter interesses em jogo. Se não tiverem nada a perder (e talvez algo a ganhar) com o fracasso do projeto, sua utilidade é questionável.

Lista de afazeres do patrocinador do projeto

- Garanta que o progresso do projeto seja comunicado ao resto da organização e, em particular, à liderança.

- Assegure-se de que a gerência sênior apoia as decisões e a orientação da equipe de projeto.

- Esteja atento a qualquer mudança nos objetivos da empresa que possa afetar os objetivos do projeto. Estes objetivos devem estar alinhados aos objetivos da empresa.

- Lembre-se de que alguns gerentes não desejarão que seus subordinados dividam o tempo entre os deveres do projeto e suas atribuições regulares. Trabalhe com esses gerentes para minimizar quaisquer dificuldades.

O gerente

Todo projeto tem um único gerente. O *gerente de projeto* é o encarregado individual de planejar e programar as tarefas e a gestão cotidiana da execução do projeto. Também é ele quem tem a maior responsabilidade pelo sucesso do empreendimento. Esta pessoa recebe autoridade do patrocinador e tem importância central em cada etapa do ciclo de vida do projeto, do design e organização ao encerramento e avaliação do projeto — e tudo que há entre estas etapas.

Em muitos aspectos, a tarefa do gerente de projeto é semelhante à de um gerente em qualquer outra função. Ambos são encarregados de obter resultados por intermédio de pessoas e recursos. E, como o gerente tradicional, o gerente de projeto também deve:

- recrutar participantes eficazes;

- proporcionar um contexto para as atividades de projeto;

- manter a visão clara;

- coordenar as atividades;

- negociar com autoridades superiores e com o patrocinador em particular;

- mediar conflitos;

- identificar os recursos necessários;

- estabelecer marcos;

- administrar o orçamento;

- garantir que todos contribuam e se beneficiem;

- manter o trabalho nos trilhos; e

36   Gerenciando projetos grandes e pequenos

- garantir que as metas do projeto sejam cumpridas no prazo e dentro do orçamento.

Esse não parece ser o papel do gerente típico? Nos grandes projetos, ele é de fato muito parecido. Nesses casos, o gerente de projeto age como um agente de decisão que delega, dirige, motiva e programa o trabalho dos outros. Ele é como um chefe tradicional. Por outro lado, o gerente de projeto pode não ter autoridade formal sobre as pessoas que fazem o trabalho. Por exemplo, o gerente de projeto de uma nova iniciativa de TI pode ser o gerente de TI, mas os membros do projeto podem ter vindo dos departamentos de marketing, finanças, atendimento ao cliente e outros. Eles não são pessoas sobre as quais o gerente de projeto tem autoridade direta ou formas tradicionais de influência, como concessão de aumentos e promoções; assim, o gerente de projeto deve depender de suas qualidades de liderança para influenciar o comportamento e desempenho.

O líder da equipe

Muitos grandes projetos são organizados de modo a incluir um líder de equipe diretamente subordinado ao gerente de projeto, como mostramos na Figura 2.1. Nos projetos pequenos, o gerente pode cumprir as duas funções.

O líder não pode agir como o chefe e ainda obter os benefícios normalmente associados ao trabalho em equipe. No lugar disso, o líder deve adotar cinco papéis importantes: iniciador, modelo, negociador, ouvinte e treinador, além de pôr as mãos à obra, como um membro ativo do trabalho.

FIGURA 2.1
Patrocinadores, gerentes, líderes e membros da equipe

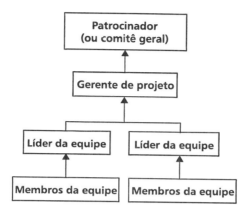

O líder como iniciador

O líder deve iniciar a ação. Embora não diga o que as pessoas devem fazer, o líder eficaz chama atenção para as medidas que devem ser tomadas para que as metas sejam atingidas. Um bom líder é bem posicionado para iniciar a ação porque, em geral, tem interesse em alguma parte do trabalho cotidiano da equipe, e uma posição de onde as ligações entre esse trabalho e os objetivos maiores podem ser mais prontamente observadas. Enquanto os membros estão profundamente envolvidos nas tarefas e na solução de problemas, o líder está em contato estreito com as expectativas do patrocinador, do gerente de projeto e dos interessados externos. Usando as evidências e argumentos racionais, o líder estimula os integrantes a tomar as medidas necessárias para cumprir as expectativas maiores. Essa é uma função importante, em particular quando essas expectativas estão em conflito com as expectativas pessoais de determinados membros da equipe.

O líder como modelo

Tanto os gerentes tradicionais como os líderes de equipe podem usar seu próprio comportamento como modelo para o comportamento e desempenho de terceiros. A grande diferença é que os líderes de equipe devem depender muito de sua tática, uma vez que não podem usar promoções, remunerações e ameaças de demissão para influenciar os membros da equipe.

Na realidade, o comportamento modelo do líder de equipe é uma ferramenta poderosa. Estabelece um padrão ao qual os outros devem ascender, pelo menos para evitar a aparência de ineficácia ou inferioridade. Os líderes podem servir de modelo para o comportamento da equipe de muitas maneiras diferentes. Se os membros da equipe precisassem sair do escritório para encontrarem com clientes, um líder eficaz não os instruiria a fazer isso. Ele começaria uma prática regular de ir até os clientes, criar grupos de clientes e assim por diante. Os membros da equipe seriam estimulados a participar. Em resumo, o líder serviria de modelo para um comportamento que tem impacto direto sobre o desempenho da equipe.

O líder como negociador

"Gostaria que Bill se juntasse à nossa equipe de melhoria de processo", disse o líder de equipe ao gerente de Bill. O gerente franziu a testa; Bill era um de seus melhores funcionários. "Fazer parte da equipe envolverá cerca de quatro horas de trabalho por semana", continuou o líder de equipe, "e isso incluirá as reuniões e atribuições da equipe".

Os gerentes não são muito receptivos a solicitações desse tipo. A equipe tem metas, mas também as têm os gerentes que são solicitados a contribuir com funcionários qualificados e outros recursos; concordar com a solicitação do líder de equipe pode apenas tornar seu trabalho mais difícil. Os líderes de equipe eficazes reconhecem isso e usam habilidades de negociação para obter o que precisam. O patrocinador executivo pode facilitar o processo, deixando claro que as metas do projeto são importantes para a empresa e que espera a cooperação dos gerentes.

A melhor maneira de negociar com os fornecedores de recursos é contextualizar a situação de forma positiva, de forma que seja mutuamente benéfica. Ocorre uma negociação mutuamente benéfica quando ambas as partes reconhecem oportunidades de ganhos. Se você é um líder da equipe de projeto, poderá contextualizar suas negociações como boas para as duas partes se fizer o que se segue:

• Destacar as metas de nível mais alto da organização, e como a ação bem-sucedida da equipe contribuirá para estas metas. Com isso, é ressaltada uma questão que explicaremos mais adiante neste livro — as metas do projeto devem ser importantes e alinhadas com as metas da organização.

• Destacar como a outra parte se beneficiará ajudando o projeto, por exemplo, indicando como o sucesso do projeto contribuirá para a outra parte.

Para ser um negociador de sucesso, o líder de equipe deve parecer seguro e digno de confiança e os benefícios mútuos devem ser realistas.

O líder como ouvinte

Um bom líder passa tanto tempo ouvindo como falando. Ouvir é uma atividade de percepção que coleta sinais do ambiente — sinais sobre problemas iminentes, insatisfação de funcionários e oportunidades de ganhos. O principal benefício de reunir pessoas com experiências e habilidades variadas é que diferentes integrantes terão conhecimentos e percepções úteis. Os membros da equipe serão encorajados por um líder que ouve e partilha o que eles sabem ou percebem. A percepção naturalmente leva a uma reação. O líder que ouve recomendará ações com base na experiência e no conhecimento de muitas pessoas.

O líder como treinador

Um bom líder de equipe encontra maneiras de ajudar a equipe a se destacar. Na maioria dos casos, isso é realizado por meio de treinamento. O treinamento é uma atividade de mão dupla onde as partes dividem conhecimento e experiência para maximizar o potencial de um membro de equipe e o ajudam a realizar as metas comuns. É um esforço compartilhado em que a pessoa a ser preparada participa ativamente e de boa vontade. Os bons líderes de equipe encontram oportunidades de treinamento de pessoal no curso dos negócios diários. O treinamento pode ajudar os integrantes com muitas atividades de rotina: fazer apresentações melhores, programar o trabalho, lidar com conflitos dentro da equipe, obter recursos externos, montar um orçamento, desenvolver habilidades ou até trabalhar com eficácia em um ambiente de equipe.

As oportunidades de treinamento predominam especialmente nas equipes porque muitas habilidades necessárias aos integrantes não são características deles, mas são elementos que eles devem assimilar à medida que se desenrola o projeto. Por exemplo, uma engenheira recrutada devido a suas capacidades técnicas pode de repente descobrir que deve preparar e apresentar um relatório sobre a situação do projeto à gerência sênior. Ela deve desenvolver habilidades de apresentação rapidamente — e ser treinada pelo líder de equipe pode ajudar.

O líder como membro ativo do trabalho

Um líder de projeto deve também pôr a mão na massa e fazer parte do trabalho, em particular em áreas nas quais tem competência especial. O ideal é que a partilha inclua uma ou duas das tarefas desagradáveis ou desanimadoras que ninguém realmente quer fazer. Participar do trabalho solidifica a percepção de que o líder é um membro da equipe, e não um chefe tradicional.

Quais são as características de uma pessoa capaz de fazer a maior parte ou todas as coisas que acabamos de descrever? Para começar, um líder de equipe deve ter as habilidades de liderança com as quais todos estamos familiarizados: a capacidade de fixar uma direção que os outros seguirão, boas habilidades de comunicação, a capacidade de dar e aceitar feedback, integridade e altos padrões de desempenho. Além disso, um líder da equipe de projeto deve ter uma atitude positiva frente ao trabalho de equipe — e, de preferência, experiência nessa atividade. A última pessoa que você quer neste cargo é alguém que insista em agir como um chefe tradicional.

O líder de equipe deve também desfrutar de credibilidade junto aos membros desta. Isso significa ter habilidades e experiência adequadas e a reputação de lidar eficazmente com os outros. A falta de credibilidade pode levar ao ridículo e a uma situação muito disfuncional.

A escolha do líder

O gerente de projeto pode designar um líder de equipe caso o projeto seja de duração muito curta, se houver a necessidade imediata de uma equipe (como em uma crise) ou se houver um motivo organizacional para que uma determinada pessoa seja o líder da equipe (como dar a um funcionário mais novo e competente uma oportunidade de aprender e praticar habilidades de liderança). Em outras situações, a equipe pode escolher seu próprio líder ou fazer um rodízio regular do cargo de liderança e de suas responsabilidades.

Um ou vários líderes?

Em geral pensamos em um único líder formal. Investir uma única pessoa da liderança garante que a autoridade tenha uma só voz. Como, afinal, uma equipe conseguiria cumprir suas tarefas se tivesse dois líderes se bicando? As pessoas seguiriam a orientação de quem? A experiência de equipes, porém, indica que investir de liderança uma única pessoa não é uma necessidade absoluta, desde que haja concordância entre os líderes sobre os meios e os fins. A única necessidade é que os líderes concordem com a meta e com sua importância.

Um projeto que reúna muitas pessoas representando duas especialidades técnicas ou mais pode se beneficiar da liderança múltipla, em particular se os líderes estão subordinados a um único gerente de projeto. Por exemplo, uma equipe cuja meta seja estabelecer um novo site de comércio eletrônico terá um gerente de projeto e quatro líderes de área: um líder técnico, um líder de interface com o usuário, um líder de estratégia de site e um líder de conteúdo, semelhante ao que mostramos na Figura 2.1. Cada líder se subordinará ao gerente de projeto e terá responsabilidade por um único aspecto do projeto. Nessas áreas de responsabilidade, os líderes de equipe terão autoridade para tomar decisões e alocar recursos. Eles só precisarão da aprovação do gerente ou de outra autoridade quando suas decisões afetarem outras equipes, o plano de projeto, o orçamento ou o cronograma.

Lista de afazeres do líder de equipe

- Comunicar regularmente o progresso e os problemas ao gerente de projeto.

- Avaliar periodicamente o progresso da equipe, supervisionar os integrantes e como cada membro vê sua contribuição.

- Certificar-se de que todos contribuam e sejam ouvidos.

- Fazer uma parte do trabalho.

- Resistir ao impulso de agir como chefe.

Os membros da equipe

O cerne de qualquer projeto, e verdadeiro motor do trabalho, são seus membros. Sim, um bom patrocinador pode limpar o caminho e garantir recursos e, sim, um bom líder de projeto pode motivar o desempenho e manter o trabalho focalizado. Mas são os membros da equipe que fazem a maior parte do trabalho. Por conseguinte, é extremamente importante reunir as pessoas certas com as habilidades certas.

Escolher bons membros é provavelmente uma parte espinhosa do projeto de equipe. Uma equipe pode adquirir seus integrantes por meio de uma ou mais formas que se seguem:

- **Designação:** O patrocinador seleciona as pessoas adequadas e as convida a participar.

- **Voluntários:** As pessoas mais envolvidas ou mais interessadas no trabalho se apresentam como possíveis integrantes.

- **Indicação:** As pessoas que têm interesse no projeto indicam indivíduos que têm as habilidades certas e em quem confiam.

Nenhum destes métodos de seleção é inerentemente melhor ou pior do que os outros. Cada um deles pode obter os membros de equipe certos. Mas são também igualmente capazes de colocar as pessoas erradas em uma equipe, em particular quando a organização é muito politizada. Considere estes exemplos:

- O patrocinador selecionou a maioria dos membros de uma nova equipe de webdesign. Hugh, braço-direito do patrocinador, é um deles. Hugh não é capaz de distinguir um servidor de um hyperlink e nada tem a contribuir para o esforço da equipe. Seu único propósito é fazer relatórios ao patrocinador, que não confia em vários membros da equipe. Para a equipe, Hugh é peso morto. Outros membros da equipe rapidamente descobrirão seu papel de informante e reagirão de forma negativa.

44   Gerenciando projetos grandes e pequenos

- Ann se apresentou voluntariamente para trabalhar em um projeto de reengenharia do processo de atendimento de pedidos da empresa. Ann não está particularmente interessada no objetivo do projeto, mas vê a integração na equipe como uma forma de fazer frente a Katherine, a gerente de projeto e em ascensão na empresa. Ann também está preocupada que seu principal rival em uma promoção já esteja na equipe. "Se ele estiver na equipe, é melhor que eu esteja também", raciocina ela. Está claro que o compromisso de Ann não é com o objetivo da equipe, mas por interesse próprio. Como consequência, seu valor para o projeto é questionável.

- Harry se apresentou como voluntário para o mesmo projeto de reengenharia. Ele tem um interesse genuíno no processo de atendimento de pedidos e acredita que sua posição na organização sofrerá se a equipe renovar radicalmente o processo. Sua motivação é a autoproteção e seu compromisso não é para o objetivo da equipe, mas com o status quo. Ele não deveria de forma alguma estar na equipe.

- Ralph indicou Muriel, uma de suas subordinadas diretas, à equipe de webdesign. "Será uma boa experiência de aprendizado para ela", diz a si mesmo. Sim, a participação de Muriel pode ser boa para o desenvolvimento de sua carreira, mas será boa para a equipe? O que ela tem a contribuir?

Reconhece exemplos como esses em sua organização? Em caso afirmativo, cuidado. Em cada exemplo, uma pessoa foi proposta como membro da equipe por um motivo que nada tem a ver com o auxílio para que o projeto alcance as metas declaradas. Essas tentativas de aproximação à seleção de membros devem ser repelidas. Pode-se abrir uma exceção para Muriel na equipe, mas somente se ela aprender rápido e se esforçar no trabalho. De qualquer modo, a realização das metas do projeto deve ter prioridade sobre o desenvolvimento individual dos membros.

Critérios para integrar a equipe de projeto

Se é tão importante ter as pessoas certas a bordo, que critérios um líder de equipe deve utilizar?

AVALIAÇÃO DE HABILIDADES. O ideal é que a seleção da equipe seja determinada pelas habilidades necessárias para realizar o trabalho. A avaliação de habilidades é um processo de duas fases: a primeira fase analisa objetivamente uma tarefa e determina exatamente quais habilidades são necessárias para que ela seja realizada. Por exemplo, ao examinar todas as atividades que precisam ser feitas, o líder pode determinar que a equipe inclua membros com as seguintes habilidades: pesquisa de mercado, engenharia elétrica, fabricação e compras. Juntas, elas representam todas as habilidades e recursos necessários para atingir a meta do projeto.

A segunda fase da avaliação de habilidades procura pessoas na organização e determina quem tem as habilidades desejadas. Essas habilidades podem ser classificadas como técnicas, de solução de problemas, interpessoais ou organizacionais.

- *Habilidade técnica* refere-se a uma expertise específica — em pesquisa de mercado, finanças, programação de software e outros. A habilidade técnica é, em geral, fruto de treinamento específico.

- *Habilidade de solução de problemas* é a capacidade do indivíduo de analisar situações difíceis ou impasses e elaborar soluções. Os engenheiros são treinados para solucionar problemas. As pessoas criativas têm hábitos de raciocínio que as ajudam a ver soluções que costumam escapar aos outros. Se você é o líder, precisa de quem solucione problemas em sua equipe; caso contrário, as pessoas o procuração continuamente em busca de soluções — e esta não é uma abordagem sensata numa equipe.

- *Habilidade interpessoal* refere-se à capacidade de trabalhar eficazmente com os outros — uma característica muito importante para o trabalho em

46   Gerenciando projetos grandes e pequenos

equipe. Não a subestime. Na prática, a habilidade interpessoal assume a forma de química interpessoal. Vamos encarar a realidade, alguns se entendem naturalmente bem com determinadas pessoas e não tão bem com outras. Por exemplo, uma pessoa muito exigente, com maneiras formais e sem paciência com piadas e diversão provavelmente carecerá da química necessária para trabalhar bem com um grupo de programadores de software que adora se divertir, vem ao trabalho de skate e termina o dia com uma rodada de pizza e cerveja. Os executivos costumam considerar os funcionários intercambiáveis, desde que tenham o mesmo conjunto de habilidades. Não cometa este erro.

• *Habilidades organizacionais* incluem a capacidade de se comunicar com outras unidades, o conhecimento do panorama político da empresa e a posse de uma rede de reações. As pessoas com tais habilidades ajudam a equipe a realizar as tarefas e evitam conflitos com unidades operacionais e seu pessoal.

Quando da formação de equipes do projeto, há uma tendência natural a exercer um foco excessivo nas habilidades técnicas. É tão óbvio que capacidades técnicas específicas são necessárias que nos concentramos nelas a ponto de excluirmos outras habilidades. Como escreve Jeffrey Polzer: "Este é um ponto de partida sensível, porque, por exemplo, uma equipe de desenvolvimento de software não pode trabalhar muito bem sem programadores que conheçam a linguagem de codificação específica a ser usada no projeto; nem uma orquestra pode ter sucesso sem músicos individualmente talentosos."[2] Infelizmente, esta atenção às habilidades técnicas muitas vezes tolda a atenção às habilidades interpessoais e organizacionais que podem ser igualmente importantes em longo prazo. Por exemplo, uma brilhante programadora pode realmente retardar o progresso da equipe se ela for reservada com seu trabalho, se não estiver disposta a colaborar ou se gerar hostilidade entre os outros membros. Por sua vez, uma pessoa com habilidades técnicas medianas mas soberba compreensão organizacional pode ser o membro mais valioso da equipe, graças a sua capacidade de reunir recursos, arregimentar ajuda de unidades operacionais e assim por diante.

O elenco de personagens 47

Polzer alerta que ainda há muito espaço para o colaborador de talento que não é muito bom no trabalho em equipe. Seus pontos fracos interpessoais podem ser tratados com treinamento ou outros artifícios. Este conselho deve estimular os gerentes a serem otimistas no tocante às características positivas e negativas de possíveis membros de equipe. Os indivíduos que são fortes nas quatro habilidades — técnicas, de solução de problemas, interpessoais e organizacionais — são poucos e raros. Assim, uma das metas da seleção de integrantes deve ser conseguir o máximo de membros com o talento disponível e tomar medidas para neutralizar os pontos fracos das pessoas.

Muitos especialistas em criação de equipes alertam que raras vezes será possível conseguir todas as habilidades que se precisa. Algo estará sempre faltando. E, na maioria dos casos, é impossível prever qualquer habilidade necessária. Como observam os pesquisadores Jon Katzenbach e Douglas Smith: "Nenhuma equipe tem sucesso sem todas as habilidades necessárias para cumprir seu propósito e metas de desempenho. No entanto, a maioria das equipes compreende a habilidade de que precisará *depois* [grifo nosso] que são formadas."[3] Assim, o líder de equipe sensato procura pessoas com habilidades valiosas e potencial para aprender novas habilidades na medida do necessário.

ACRÉSCIMO E SUBTRAÇÃO DE MEMBROS. Esteja preparado para acrescentar novos membros e possivelmente oferecer agradecimentos e despedidas a outros. Novas habilidades e membros podem ser necessários à medida que o trabalho mudar e a equipe progredir em direção à meta. Considere o exemplo de uma equipe de reengenharia que foi encarregada de reprojetar toda a função de atendimento ao cliente da empresa. Esta equipe começou como um pequeno grupo de cinco membros. Com seis meses de vida, recrutou mais cinco membros — cada um deles representando um dos grupos de produto da empresa. Depois que concluiu o plano de reprojeto do atendimento aos clientes, essa equipe passou à etapa de implantação. A essa altura, mais pessoas foram recrutadas — pessoas que teriam papéis importantes na implantação do projeto.

Uma advertência quanto a acrescentar e dispensar integrantes: com o tempo, os membros se adaptam às pessoas e aos estilos de trabalho na equipe.

Desenvolvem padrões eficazes para tomar decisões e se comunicar — e às vezes o fazem muito gradualmente. Eles identificam a equipe com os outros participantes. Esta coesão é solapada quando há gente demais entrando e saindo da equipe. Os recém-chegados não são plenamente produtivos no tempo que passam sendo orientados. Aqueles que permanecem devem consumir muito tempo orientando os novos membros e encontrando maneiras de trabalhar com eles; devem passar ainda mais tempo encontrando maneiras de cobrir a ausência dos integrantes que saíram. Assim, minimize ao máximo essa rotatividade.

Quanta gente é demais?

O tamanho ideal de uma equipe de projeto depende das metas e tarefas do projeto. Assim, o melhor conselho sobre quantas pessoas ter numa equipe é o seguinte: tenha pessoal suficiente para fazer o trabalho e nada mais do que isso. Ter muito pouca gente reduzirá seu ritmo e possivelmente implicará você não ter as habilidades necessárias. Ter gente demais também reduzirá seu ritmo em detrimento da transferência de tempo e energia valiosos na comunicação e nos esforços de coordenação. Também há o problema do compromisso. O compromisso individual para com a equipe e suas metas tende a diminuir com o acréscimo de pessoas. Assim, recrute o número de pessoas de que precisar para realizar o trabalho — mas não passe disso.

Os escritores Jon Katzenbach e Douglas Smith dão estas dicas para saber se sua equipe é suficientemente pequena:*

• A equipe pode se reunir e se comunicar fácil e frequentemente.

• Não são necessárias mais pessoas para que o trabalho seja realizado.

*Jon R. Katzenbach e Douglas K. Smith, *The Wisdom of Teams* (Boston: Harvard Business School Press, 1993), 62.

Lista de afazeres dos membros da equipe

- Conclua todas as tarefas designadas no prazo.

- Comunique as insatisfações e preocupações ao líder e a outros membros.

- Dê apoio a esses.

- Ajude os outros quando for solicitado, e peça ajuda quando precisar.

RECRUTAMENTO. Depois de identificado o candidato a integrar a equipe, sua possível colaboração deve ser discutida pela equipe e com o patrocinador. O supervisor do candidato também deve ser consultado, na medida em que a participação deste na equipe absorverá o tempo que o candidato passaria em atribuições regulares. Pressupondo-se a concordância de todas as partes, o candidato pode então ser convidado a compor a equipe.

Observação: Os apêndices ao final desse livro contêm planilhas que podem ajudá-lo a formar sua equipe.

O comitê diretor do projeto

Alguns projetos têm outro nível de supervisão e autoridade, um nível que não mencionamos em nossa lista de quem é quem, chamado *comitê diretor do projeto*. Na Figura 2.1, este comitê geral ocupa o espaço que seria ocupado pelo patrocinador. Na realidade, em projetos com comitês diretores, o patrocinador é um membro do comitê, junto aos outros principais interessados. O papel do comitê é o que se segue:

- Aprovar o termo de abertura do projeto.

- Garantir recursos.

- Julgar todas as solicitações que visam modificar importantes elementos do projeto, inclusive produtos, cronograma e orçamento.

O comitê diretor do projeto tem a autoridade última nessas questões. A criação de um comitê diretor é uma boa ideia quando várias empresas parceiras, unidades ou indivíduos têm forte interesse no projeto, pois ele representa estes diferentes interesses. Como tal, ele é bem posicionado para resolver problemas complicados, interempresariais ou interdepartamentais. Da mesma forma, os comitês diretores são valiosos quando muitas solicitações são previstas — relacionadas a produtos, cronogramas e orçamentos.

O lado negativo de ter um comitê diretor é que isso leva a outro nível de supervisão, além de suas reuniões tomarem o tempo de parte dos funcionários mais dispendiosos da empresa. Assim, não tenha um comitê diretor se não precisar dele.

Características das equipes eficazes

Além das habilidades específicas que cada membro leva a um projeto, o que mais você deve procurar? A literatura sobre o trabalho em equipe fornece algumas sugestões.[4] Essa literatura aponta várias qualidades como ingredientes que contribuem para o sucesso da equipe ou do projeto. Eles são:

- competência;

- uma meta clara e comum;

- o compromisso com uma meta comum;

O elenco de personagens

- um ambiente em que todos contribuam e se beneficiem;
- uma estrutura de apoio; e
- o alinhamento das metas do projeto com as metas organizacionais.

Vamos ver cada um deles detalhadamente.

Competência

Para ter sucesso, a equipe deve ter todo o talento, conhecimento, influência organizacional, experiência e know-how técnico necessários para realizar o trabalho. Qualquer ponto fraco ou incompetência coloca em risco a meta da equipe. Nesses casos, as equipes devem fortalecer os pontos fracos ou recrutar as habilidades que faltam — algo que equipes bem-sucedidas aprendem a fazer à medida que avançam.

Você precisa de indivíduos que tragam habilidades críticas ao esforço. Como questão prática, este conselho pode precisar ser moderado pela realidade política da organização. Por exemplo, a boa vontade de Susan pode ser extremamente importante caso seu objetivo, estando fora da equipe, seja obstruir o progresso desta. Torná-la integrante pode levá-la a querer alcançar os mesmos objetivos da equipe, neutralizando assim o perigo que ela representaria fora da equipe.

Uma meta clara e comum

Você já fez parte de uma equipe ou grupo que não tivesse uma ideia clara de seu propósito? Se fez, provavelmente entende por que esses grupos raramente têm sucesso. É quase impossível ser bem-sucedido quando os membros da equipe não conseguem articular uma meta clara e comum. A situação fica ainda pior quando os executivos que patrocinam e criam as equipes não têm clareza nem certeza do que querem realizar.

Uma maneira de testar se existe tal meta é pelo teste do "discurso do elevador". Chame à parte cada membro do projeto e faça-o a seguinte pergunta: Se você estivesse em um elevador entre o primeiro e o segundo andar com nosso CEO e ele lhe perguntasse em que sua equipe está trabalhando, o que você diria? Todos que trabalham em um projeto devem ser capazes de explicar clara e sucintamente a meta ao CEO — ou a qualquer estranho inteligente. Aqui estão duas declarações que respondem ao teste do elevador:

- "Estamos reprojetando nosso site com três objetivos em mente: torná-lo capaz de acomodar cada um de nossos diferentes grupos de produto, tornar a atualização do site e a expansão mais rápida e menos dispendiosa, e melhorar a experiência do cliente."

- "Estamos trabalhando na reengenharia de todo o processo de atendimento aos clientes. Se tivermos sucesso, 95% das chamadas de clientes caberão a um único representante de atendimento e 80% de todas as chamadas serão resolvidas em até três minutos."

Será que todos em sua equipe podem articular a meta do projeto com esse grau de concisão e clareza? Descreveriam a meta da mesma maneira? Se disser não a qualquer dessas perguntas, você tem um problema. Procure abordar o problema como um grupo. Como explicaremos adiante, a meta de um projeto é, em geral, tratada pela gerência de nível mais alto, que vê um problema ou oportunidade e quer lidar com ele. O ideal é que a gerência identifique o fim, mas deixe os meios para os membros da equipe. Ainda assim, estes devem compartilhar uma mesma compreensão da meta. Caso contrário, seguirão em direções diferentes, dissipando energia e recursos, e os conflitos e as brigas serão inevitáveis.

Depois de chegarem a uma compreensão comum da meta, os membros da equipe de projeto, em consonância com a gerência, devem especificá-la em termos de métrica de desempenho. No exemplo da reengenharia do atendimento aos clientes, a equipe especificou a meta como se segue: "Noventa e cinco

O elenco de personagens

por cento das chamadas de clientes serão tratadas por um único representante de serviços e 80% de todas as chamadas serão resolvidas em até três minutos." Métricas semelhantes não só especificam a meta de maneira mais completa, como proporcionam uma maneira de avaliar o progresso para a conclusão da meta. Por exemplo, esta equipe pode ter estabelecido marcos intermediários como estes:

- Em seis meses, 50% das chamadas de clientes serão tratadas por um único representante.

- Em nove meses, 75% das chamadas de clientes serão tratadas por um único representante.

- Em 12 meses, 95% das chamadas de clientes serão tratadas por um único representante.

Uma equipe sem métrica de desempenho não pode determinar se foi bem-sucedida.

O compromisso com uma meta comum

É extremamente importante que todos tenham uma meta comum, mas as equipes verdadeiramente eficazes vão além. Seus membros estão comprometidos com a meta. Há uma grande diferença entre compreender e se comprometer. A compreensão garante que as pessoas saibam a direção em que devem trabalhar; o compromisso é uma qualidade visceral que os motiva a fazer o trabalho e dar continuidade a este quando a situação fica difícil.

Os membros devem considerar muito importante e digna de esforço a meta de sua equipe. Se não tiverem um propósito convincente, alguns membros não subordinarão suas metas pessoais à meta da equipe. Não se identificarão com a equipe ou com seu propósito.

O compromisso também é uma função da identificação com a meta e da responsabilidade mútua. Considere o seguinte exemplo:

Várias pessoas de diferentes áreas funcionais de uma empresa foram reunidas para resolver um problema crítico: a empresa estava perdendo clientes para uma rival que fornecia o mesmo serviço a um preço de mercado mais baixo. Esse preço mais baixo era resultado da maior eficiência da rival no fornecimento do serviço. A única solução era encontrar uma maneira de dar maior valor aos clientes: um preço mais baixo, um serviço visivelmente melhor ou uma combinação dos dois.

Cada membro da equipe de projeto entendeu a importância da meta. O futuro econômico de todos e dos colegas dependia do sucesso do projeto. E como a gerência não disse aos membros da equipe como deviam alcançar esta meta, eles consideravam que lhes pertencia a obrigação de produzir o esforço e de alcançar o resultado — e consideravam-se, a si e aos outros, responsáveis por este resultado.

Isso é compromisso. Não confunda compromisso compartilhado com compatibilidade social. É menos importante que as pessoas se entendam do que estejam dispostas a trabalhar juntas para fazer as coisas. Ter um propósito que todos considerem importante pode superar incompatibilidades sociais.

Você pode reconhecer o compromisso compartilhado no vocabulário usado pelos membros da equipe. Quando as pessoas usam *nós*, e *nosso* em vez de *eu*, *você* e *eles*, o compromisso da equipe está pairando no ar. Declarações como estas sugerem o verdadeiro trabalho em equipe:

- "Estamos fazendo um bom progresso, mas cada um de *nós* deve acompanhar o ritmo."

- "Em que pé *nós* estamos com *nosso* cronograma?"

- "*Nosso* plano ainda está na etapa de formação."

- "*Nos* dê três meses e o acesso aos dados dos clientes e vamos desenvolver um plano viável."

O compromisso com uma meta comum é mais facilmente alcançado se o número de membros da equipe é pequeno. Isso parece racional. Os militares, entre outros, há muito reconhecem a importância da coesão de pequenos grupos na geração de compromisso individual com a unidade e suas metas. Os soldados podem praguejar interminavelmente sobre a "porcaria do exército", mas em geral arriscam a vida pelo bem-estar de sua pequena unidade e seus membros. Por isso, alguns especialistas em equipes recomendam ter o menor número possível de integrantes. Ter menos integrantes é melhor se todas as competências necessárias estão ali representadas.

O compromisso também é melhorado por meio de recompensas. Se as pessoas entenderem que as promoções, bonificações ou aumentos no pagamento estarão associados a seu sucesso na realização da meta da equipe, seu compromisso aumentará. Se elas entenderem que o chefe terá o crédito e o grosso das recompensas monetárias, seu compromisso irá evaporar.

Cada membro colabora — cada membro se beneficia

Você já esteve em uma equipe de remo? Se esteve, sabe que cada membro da equipe deve movimentar o remo na mesma intensidade e no mesmo ritmo de todos os outros. Não há espaço para relaxados ou para pessoas que não conseguem manter o ritmo certo. As equipes de trabalho são muito parecidas. O desempenho depende da contribuição de todos — remando para a meta. Os membros que simplesmente aparecem nas reuniões para dar suas opiniões mas não fazem nenhum trabalho prejudicam o desempenho e desmoralizam os colegas ativos. Se ser membro da equipe tem algum valor, ele deve ser ganho por meio de trabalho verdadeiro. Em outras palavras, os caronas — integrantes que obtêm os benefícios da equipe sem fazer sua parte — não podem ser tolerados.

Nem todo integrante deve dedicar a mesma quantidade de tempo às atividades da equipe ou dar a mesma contribuição. As contribuições variáveis a projetos são uma realidade da vida. Um gerente sênior, por exemplo, pode ser um membro regular da equipe, embora deva dedicar a maior parte de sua atenção a outros deveres. Ele pode apoiar o projeto garantindo recursos ou conquistando apoio para a equipe dentro da organização. Embora seja possível que algumas pessoas não vejam essa contribuição como um trabalho real, ela é importante para o esforço da equipe.

É verdade, igualmente, que algumas pessoas são mais capazes e produtivas do que outras, uma vez que os níveis de habilidade costumam ser diferentes. O campo da tecnologia da informação, em particular, inclui pessoas com níveis de habilidade muito díspares. Assim, não fique obcecado com as caronas.

O líder da equipe deve igualmente fazer parte do trabalho. Ele não pode ser membro da equipe e se comportar como um chefe tradicional, delegando todo o trabalho aos outros. Assim, há certo elemento de ambiguidade no papel do líder da equipe, que deve se comportar como a liderança em parte do tempo e como membro da equipe no tempo restante.

E assim como cada membro pode contribuir para o trabalho da equipe, cada um deve receber benefícios claros, que podem assumir muitas formas: a recompensa psicológica de fazer um trabalho interessante e significativo, a experiência de aprendizado que trará dividendos futuros na carreira ou um pagamento mais polpudo. Na ausência de benefícios claros, as pessoas não contribuirão em alto nível — pelo menos não por muito tempo; os benefícios que derivam de suas tarefas regulares absorverão sua atenção e farão dos deveres da equipe uma prioridade secundária.

Um ambiente de apoio

Nenhuma equipe de projeto opera em um vácuo. O projeto é uma pequena organização incrustada em um ambiente maior de unidades operacionais e departamentos funcionais. Depende da estrutura organizacional, em um ou outro grau, nas questões de recursos, informações e assistência. A maneira como as unidades operacionais e departamentos apoiarão, serão indiferentes ou até hostis

O elenco de personagens 57

ao projeto e suas metas influenciará na eficácia da equipe de projeto. Em particular, quem forma a equipe precisa considerar esses fatores ambientais:

- **Apoio da liderança.** O apoio do alto escalão é fundamental. Garante uma fonte de recursos e ajuda a recrutar as pessoas certas. O apoio da liderança também proporciona proteção de gerentes poderosos e departamentos que por um ou outro motivo estão inclinados a torpedear o esforço da equipe. Uma maneira de garantir e aumentar o apoio da liderança é criar o que Steven Wheelwright e Kim Clark descreveram eloquentemente como "equipes pesos-pesados" — isto é, equipes chefiadas por pessoas com habilidades poderosas e muita influência organizacional.[5]

- **Uma estrutura não hierárquica.** É mais provável que o trabalho em equipe seja bem-sucedido se a organização não se moldar como uma estrutura hierárquica rígida. Por quê? Porque uma estrutura não hierárquica cria hábitos que levam ao trabalho em equipe — especificamente, a disposição de dividir informações, colaboração entre fronteiras organizacionais e concessão de autonomia aos funcionários. Esses hábitos são fracos ou ausentes em organizações onde os chefes são responsáveis por todo o raciocínio e direcionamento e todos os outros seguem ordens. Estas organizações não estão prontas para o trabalho em equipe.

- **Sistemas de recompensa adequados.** As empresas novas no trabalho em equipe precisam examinar seus sistemas de recompensa antes de lançá-las; devem reequilibrar as recompensas para o sucesso individual e de equipe. Esse é um dos desafios mais assustadores que os patrocinadores de equipes enfrentam.

- **Experiência com o trabalho em equipe.** As equipes se beneficiam quando suas empresas e membros têm muita experiência com este tipo de trabalho. A experiência fornece insights sobre o que funciona e o que não funciona, como organizar-se melhor em torno de uma meta, como colaborar e como alterar a equipe em diferentes pontos do ciclo de vida. Muitas empresas que dependem do trabalho em equipe dão treinamento em métodos de trabalho em equipe, e com um bom motivo. Os funcionários que por anos trabalharam de forma independente devem ser treinados no trabalho em equipe, pois precisam, especificamente, de ajuda com habilidades como ouvir, comunicar-se com diferentes tipos de pessoas, colaborar com funcionários externos a seus departamentos e manter o foco na tarefa comum.

O quanto sua organização apoia o trabalho em equipe? A expertise das equipes de sua organização deve ser um fator na sua decisão de atacar um problema ou oportunidade através de uma equipe.

Alinhamento

O alinhamento é o último item de nossa lista dos elementos essenciais à eficácia da equipe de projeto. Refere-se à coordenação de planos, esforços e recompensas frente às metas mais elevadas da organização. Em uma empresa alinhada, todos entendem as metas globais e de suas unidades operacionais, e as pessoas trabalham na direção certa — estimuladas pelo sistema de recompensas.

As equipes de projeto também precisam de alinhamento. Uma equipe não deve existir se não representar a melhor maneira de ajudar a organização a realizar suas metas. Assim, as metas da equipe de projeto devem estar alinhadas com as metas organizacionais, e as metas de cada membro da equipe devem estar alinhadas — em toda a equipe — com as metas mais elevadas da organização. E os esforços de todos devem estar alinhados por meio do sistema de recompensas. Esta última questão é muito importante e começa no topo, com o patrocinador. Uma vez que o patrocinador é responsável pelo sucesso da equipe, parte de sua remuneração deve estar ligada ao desempenho dela. Descendo na linha hierárquica, o líder da equipe e seus membros devem da mesma forma ter suas remunerações alteradas pelos resultados da equipe.

O alinhamento consegue que todos andem na mesma direção — a correta.

Resumo

- Um patrocinador autoriza o projeto, define o escopo do trabalho, fornece recursos e aceita ou rejeita o resultado final.

- O gerente recebe autoridade do patrocinador e tem um papel central em cada fase do projeto.

- Um líder de equipe se subordina ao gerente de projeto e assume a responsabilidade por um ou mais aspectos do trabalho.

- Os membros da equipe fazem a maior parte do trabalho. Devem ser selecionados com base em suas habilidades e capacidade de colaborar de maneira eficaz com outros.

- Uma equipe deve ter pessoal suficiente para fazer a tarefa e não mais do que isso.

- As equipes de sucesso têm essas características: competência, uma meta clara e convincente, compromisso com uma meta comum, um ambiente em que todos colaboram e todos se beneficiam, uma estrutura de apoio e alinhamento das metas do projeto com as metas da organização.

Um termo de abertura por escrito

Suas ordens de marcha

Principais tópicos abordados neste capítulo

- *O valor de um termo de abertura de projeto*
- *Oito coisas que um termo de abertura deve conter*
- *O problema dos fins e dos meios*
- *Como examinar um projeto*

á destacamos a importância de se ter um objetivo claro. É muito importante ter esse objetivo definido, especificado e expresso por escrito. Mas a equipe de projeto precisa de mais do que uma meta claramente declarada para fazer seu trabalho. Ela precisa de uma definição clara do escopo do projeto, do valor que ele oferece aos interessados, do prazo dentro do qual se deve trabalhar e dos recursos à sua disposição. Juntos, esses elementos constituem o termo de abertura que autoriza o projeto e define suas atividades — o tema deste capítulo.

Uma ordem para a ação

Ter o elenco correto de personagens em uma equipe de projeto é importante, mas igualmente importante é ter um *termo de abertura* que defina a natureza e escopo do trabalho e as expectativas gerenciais do resultado. Um termo de abertura é um documento conciso contendo parte ou tudo do que se segue:

- o nome do patrocinador do projeto;

- a relação entre as metas do projeto e as metas mais elevadas da organização;

- os benefícios do projeto para a organização;

- o prazo esperado do trabalho;

- uma descrição concisa dos objetivos do projeto;

- o orçamento, alocações e recursos disponíveis para a equipe de projeto;

- a autoridade do gerente de projeto; e

- a assinatura do patrocinador.

Sem um termo de abertura formal, o projeto pode seguir uma direção que não se alinha com os objetivos organizacionais. Os limites podem se perder, um processo conhecido como "desvio na missão". O próprio ato de criar um termo de abertura obriga a gerência sênior a articular claramente o que o projeto deve realizar — um dever importante quando não há concordância entre a gerência sênior, como nesse exemplo:

Phil era o patrocinador do trabalho de reengenharia das operações de atendimento de pedidos e serviço ao cliente da empresa. Como um crítico franco dessas funções, ele era a pessoa certa para a tarefa. Há muito estava insatisfeito com o tempo levado para atender a pedidos e com o nível nada espetacular de serviço ao cliente. Além disso, ele pensava que os custos dessas operações eram altos demais. Assim, ele encarregou Lila de um projeto destinado a melhorá-los.

Que tipo de corte de custos Phil estava prevendo? Quais eram exatamente suas queixas com relação ao sistema corrente? Como seria avaliado o sucesso? Lila tentou que Phil respondesse a essas perguntas, mas sem êxito; ele estava ocupado demais para pensar em tudo e ansioso demais para delegar a responsabilidade pelo resultado do projeto. Outros executivos da empresa também estavam ansiosos para ver as melhorias, mas, como Phil, não tinham ideias claras sobre os resultados que desejavam. Assim, quando Lila indagou aos gerentes seniores sobre o assunto, eles não mencionaram metas específicas. Sem uma diretriz clara, Lila e as pessoas de sua equipe desenvolveram suas próprias metas e critérios de sucesso.

A equipe avançou no trabalho e Lila relatou o progresso a Phil durante dez meses. Os recursos sempre eram problemáticos, em particular porque Lila jamais tinha certeza de quanto dinheiro iria gastar e quantas pessoas iria levar para a equipe nas fases fundamentais. Toda solicitação de recursos tinha de ser negociada caso a caso com Phil.

A equipe por fim concluiu suas tarefas, atingindo a todas as metas auto-declaradas. Tinha cortado o tempo de atendimento de pedidos em um terço. Noventa por cento dos clientes agora podiam ter todos os seus problemas resolvidos com um único telefonema. E o custo geral dessas funções foi reduzido em 12%. A equipe de projeto comemorou a conclusão de seus deveres com um jantar esplêndido, depois do qual seus membros voltaram a seus deveres regulares.

A gerência sênior, porém, não ficou inteiramente satisfeita com o resultado. "Você fez um trabalho muito bom", disse Phil a Lila. "As melhorias que fez foram significativas, mas estávamos procurando uma reorganização mais extensa e uma economia de custo maior." Lila ficou pasma e bastante irritada. "Se ele queria essas coisas", pensou ela, "por que não me disse?"

Situações como a de Lila são comuns, mas podem ser evitadas por meio do termo de abertura. Seu projeto tem um termo de abertura por escrito? Ele contém cada um dos elementos importantes?

Esclareça os objetivos

Como demonstra o caso de Lila, os gerentes de projeto precisam de mais do que uma descrição geral dos objetivos para os quais serão responsáveis. A ambiguidade nas metas pode levar a mal-entendidos, decepções e à custosa tarefa de refazer parte do trabalho. Considere esse exemplo de um objetivo geral: "Desenvolver um site, a um custo razoável, que seja capaz de fornecer informações sobre produtos de forma rápida e precisa e que agrade a nossos clientes." É assim que um patrocinador pode descrever o objetivo do projeto no termo de abertura. Mas o que exatamente isso quer dizer? O que é "rápido"? Como definir "preciso"? Seria aceitável um erro em mil tentativas, ou um erro em 10 mil corresponderia às expectativas do patrocinador? Até que ponto o custo do site deve ser razoável? Cada uma dessas perguntas deve ser respondida em consulta ao patrocinador e aos principais interessados.

Dica sobre o estabelecimento de objetivos

Quando definir os objetivos do projeto, pense em TRAME. Em outras palavras, certifique-se de que os objetivos sejam: de Tempo limitado, Realistas, orientados para a Ação, Mensuráveis e Específicos.

Fonte: Harvard ManageMentor® sobre Gerenciamento de Projetos.

Um termo de abertura completo indica o fim, mas não especifica os meios. Esses devem ser determinados pelo gerente de projeto, o líder de equipe e seus membros. O contrário — isto é, dizer à equipe o que deve fazer *e* como fazer — solaparia qualquer benefício de se ter recrutado uma equipe competente. Richard Hackman deixa essa questão clara em seu livro *Leading Teams*. "A orientação que é extremamente abstrata ou não é clara", escreve ele, "pode desperdiçar o tempo dos membros e envolvê-los em conflitos enquanto eles lutam para concordar sobre o que realmente devem fazer. A orientação que é excessivamente clara e completa, por outro lado, pode enfraquecer o compromisso dos membros com o trabalho e às vezes incita comportamentos indesejados e até antiéticos". Para Hackman, o patrocinador deve encontrar um equilíbrio entre dar à equipe orientação específica demais ou de menos.[1] Como fica claro na Figura 3.1, as equipes trabalham melhor quando os fins são especificados e os meios não o são (quadrante superior direito), quando fazem um trabalho orientado para a meta e gerenciam a si mesmos. Como escreve Hackman: "Quando os fins são especificados mas os meios não o são, os membros da equipe são capazes de apelar a seu conhecimento, habilidades e experiência — na verdade, são implicitamente estimulados a isso — para elaborar e executar uma maneira de operar que seja sintonizada com o propósito e as circunstâncias da equipe."[2] Não estamos dizendo com isso que especificar *ambos*, fins e meios (quadrante inferior direito), levará necessariamente ao fracasso. Esta situação descreve mais precisamente um grupo de trabalho tradicional, sem poder de decisão.

66 Gerenciando projetos grandes e pequenos

FIGURA 3.1
Os meios e os fins

	Especificar *fins*?	
	Não	Sim
Não	Anarquia	Autogestão, trabalho orientado para meta
Sim	Desligamento (pior hipótese)	Desperdício de recursos humanos

(coluna esquerda: **Especificar meios?**)

Fonte: J. Richard Hackman, *Leading Teams* (Boston: Harvard Business School Press, 2002), 73. Reproduzido com permissão.

Vincule-o ao tempo

Todos os objetivos devem ser específicos e mensuráveis. Se não o forem, não haverá como saber se o projeto cumpriu suas metas. Também deve haver um prazo dentro do qual os objetivos serão realizados; o projeto não pode ter um fim em aberto. Em alguns casos, o prazo final deve ser firme: uma situação com um prazo fixo e um escopo variável. Por exemplo, ao mandar uma sonda a Marte no verão de 2003, uma equipe de projeto da Nasa tinha uma janela limitada de oportunidade. Marte e Terra estavam em uma proximidade incomum nessa época. No final de agosto, a distância entre os planetas começaria a aumentar rapidamente. A Nasa tinha de lançar sua sonda de exploração a Marte em julho ou engavetar o projeto. Com o tempo como restrição, a agência tinha de ser flexível quanto ao escopo do veículo espacial que estava montando.

Alguns projetos definem o tempo como uma constante. Considere uma empresa de software que decide que fará um novo lançamento a cada três meses. Uma vez que o tempo é constante, a equipe de projeto deve fazer ajustes ao escopo de seus novos lançamentos — acrescentando ou diminuindo as características dos produtos — para garantir que cada um deles possa ser entregue ao final de três meses.

A situação contrária é evidente em situações com um escopo fixo e tempo variável. Como veremos mais adiante neste livro, se o escopo do projeto é fixo, só se pode estabelecer um prazo final lógico depois que o gerente de projeto e a equipe tiverem uma oportunidade de fragmentar cada objetivo em um conjunto de tarefas e depois estimar a duração de cada uma das tarefas. Todavia o termo de abertura deve conter um prazo razoável — que possa ser corrigido à medida que a equipe aprende mais sobre o que deve fazer.

Seja específico ao definir o escopo do projeto

Mesmo com um termo de abertura, o gerente e os principais participantes do projeto devem explicar com mais detalhes o escopo do projeto. Uma técnica útil para examinar um projeto é ter os principais interessados e os participantes unidos num exercício de brainstorming que objetive especificamente descrever o que deve ou não entrar no escopo do projeto. Considere esse exemplo:

A Amalgamated Hat Rack, Inc. tinha um problema. Seus custos de estocagem eram inaceitavelmente altos e cresciam com relação às vendas. "Agora oferecemos vinte modelos diferentes de cabides para chapéus e casacos", queixou-se o diretor de operações em uma reunião com gerentes de compras, desenvolvimento de produtos, fabricação e controle de estoque, "e a maioria deles usa componentes específicos".

"Tem razão", disse Ralph, o gerente de estoque. "Toda vez que projetamos um novo cabide, ele incorpora muitos acessórios e fechos que não são comuns a outros produtos. Como consequência, tenho agora mais de 300 componentes e materiais diferentes no estoque, e cada um deles deve ser identificado e armazenado. Alguns ficam ali por anos. E isso sai caro."

O gerente de compras citou outra dimensão do problema. "O depósito e identificação não são o único problema. Comprar pequenos volumes de muitos com-

68   Gerenciando projetos grandes e pequenos

ponentes diferentes cria custos burocráticos para meu departamento e elimina em boa medida a possibilidade de fazer pedidos de maior volume aos fornecedores — o tipo de pedido que gera descontos maiores."

Todos concordaram que controlar os custos de estocagem era uma meta importante para a empresa e quase todos na reunião tinham uma ideia para lidar com isso. A questão era: como o grupo poderia definir o escopo do projeto para conter custos sem aprovar mais objetivos do que podiam acatar? O diretor de operações pediu a Ralph, o gerente de estoque, que recrutasse uma equipe de projeto e encontrasse uma saída.

Duas semanas depois, Ralph tinha recrutado seis pessoas para a equipe e convocou uma reunião de três horas para recolher ideias de como enfrentar o desafio dos altos custos de estoque. O diretor operacional e alguns importantes fornecedores de peças foram convidados a participar. Cada um tinha uma perspectiva diferente do problema. Juntos, tentaram determinar o que devia estar no escopo do projeto e o que não entraria. A Tabela 3.1 contém o resultado dessa discussão.

TABELA 3.1
Amalgamated define o escopo do projeto

Meta: Reduzir custos de estoque		
Dentro do escopo do projeto	Fora do escopo do projeto	Comentários
Determinar a economia resultante da redução em 25% do número total de componentes.		"A diminuição do número total de componentes reduzirá nosso custo de armazenamento e busca e reduzirá a complexidade do processo. Devíamos saber muito bem disso."
	Fazer o benchmarking atual de custos de estocagem em comparação aos principais concorrentes.	"Isso levaria tempo demais. Além de tudo, não temos como saber o que nossos concorrentes estão fazendo para alcançar reduções significativas."

Um termo de abertura por escrito   69

TABELA 3.1
Amalgamated define o escopo do projeto   (cont.)

Meta: Reduzir custos de estoque		
Dentro do escopo do projeto	Fora do escopo do projeto	Comentários
	Desenvolver um plano para retirar componentes complexos de futuros produtos.	"Uma ótima ideia, mas devia ser um projeto separado, gerenciado pelo pessoal de desenvolvimento de produto."
Desenvolver uma lista de componentes aprovados (com possibilidade de exceções, quando necessárias) a partir da qual os desenvolvedores de produtos possam escolher. Estimar a economia de custos com este procedimento.		"A maioria de nossos fechos é invisível para nossos clientes. Não há motivo para que não projetemos novos produtos a partir de um grupo menor dessas peças."
	Fazer a reengenharia do processo de desenho dos produtos.	"Uma boa ideia, mas merece ser um projeto separado."
Desenvolver um plano para a entrega *just-in-time* de componentes.		"Isso nos poupará espaço na fábrica e custo de estocagem. Devíamos ter feito isso há anos."

O exemplo da Tabela 3.1 demonstra como uma equipe pode definir o escopo de um projeto e como pode eliminar atividades que dissipariam energia e recursos. Observe que a equipe eliminou duas propostas de produto do escopo do projeto, embora essas ideias tivessem mérito considerável. Cada uma delas daria um projeto por si só, mas ambas foram julgadas fora do escopo do projeto atual. Essa determinação demonstra como os gerentes de projeto, membros de equipe e patrocinadores devem fazer *trade-offs* entre as opções que descobrem. As opções são sempre mais numerosas do que o tempo e os recursos disponíveis.

Se a expectativa do patrocinador especifica um fim em vista, o plano de projeto especifica os meios viáveis. O plano pode ser criação do gerente de projeto. O ideal é que incorpore as melhores ideias de muitos, se não de todos os membros da equipe. Com a aprovação do patrocinador, esse plano torna-se a segunda parte do termo de abertura.

Um plano de projeto é especialmente útil para empreendimentos grandes e complexos porque fornece mais detalhes sobre tarefas, marcos, produtos, riscos e prazos. Serve como um mapa rodoviário, tanto para a equipe como para as outras partes interessadas.

Observação: Precisa de uma ferramenta à mão para ajudá-lo a pensar no escopo de seu projeto? O Apêndice A contém a planilha "Definição de seu projeto" que o guiará por todas as principais perguntas que você precisa responder.

Resumo

- Um termo de abertura de projeto é uma ordem de ação. Ele detalha por escrito a natureza e o escopo do trabalho e as expectativas do patrocinador.

- Um termo de abertura deve ser inequívoco. Faça-o específico, mensurável, orientado para a ação, realista e vinculado ao tempo.

- Quando desenvolver um termo de abertura, declare os fins, mas deixe os meios para a equipe de projeto.

- Especifique o que entra e o que não entra no escopo do projeto.

Um contexto para a ação

Os primeiros passos importantes

Principais tópicos abordados neste capítulo

- *Um acordo sobre como as decisões serão tomadas*
- *Um método para acompanhar questões que não foram resolvidas*
- *Um procedimento para documentar decisões e ações*
- *Um plano de comunicação*
- *A criação de um orçamento*

Como outros empreendimentos importantes, um projeto caminha mais suavemente quando são estabelecidos determinados procedimentos e mecanismos operacionais antes de iniciado o trabalho real. Como as decisões serão tomadas? Como os participantes do projeto farão contato e se manterão atualizados? Como os problemas não resolvidos serão abordados? Este capítulo volta-se para várias dessas questões organizacionais. Coloque-as em ordem e todo o resto andará com mais tranquilidade. E determine as regras desde o início. Você não vai querer pensar nelas enquanto estiver prosseguindo.

Decisões, decisões

Os gerentes de projeto experientes sabem que as decisões são uma parte importante de seu trabalho. Na realidade, todo projeto é um conjunto de atividades ligadas a decisões. Assim, uma das coisas importantes que devem ser feitas desde cedo é concordar em como as decisões serão tomadas e quem as tomará. Se os membros não têm consenso, o projeto se verá amarrado. O gerente de projeto — ou o patrocinador — pode encontrar cada pequena tomada de decisão estacionada em sua mesa. Ou, por outra, o projeto desperdiçará muito tempo em debates improdutivos ou produzirá decisões que muitos interessados podem não apoiar. E decisões como estas estão em toda parte:

Deveria uma meta menor ser trocada por outra?

Três projetos alternativos de um novo produto alternativo estão em discussão. A equipe de projeto deve escolher um.

Que consultor a equipe deve contratar e qual deve ser o escopo quanto ao envolvimento do consultor?

A equipe de estratégia está ultrapassando demais o orçamento. Quais atividades podem ser eliminadas?

A equipe está recebendo muitas solicitações de mudança para grupos de produto e são ideias muito boas. Adotá-las atrasará o cronograma da equipe e ultrapassará o orçamento, mas pode valer a pena. Será possível que a equipe tome essa decisão ou ela deverá ser passada ao comitê geral?

Dentro de unidades funcionais de negócios, as decisões são de domínio de executivos e gerentes. Tais indivíduos identificam o problema, procuram e analisam alternativas e recebem conselhos de fontes adequadas. Depois tomam decisões e assumem a responsabilidade pelas consequências. A tomada de decisão no limite de suas próprias responsabilidades é uma das coisas que os gerentes e executivos são pagos para fazer. Embora possam buscar o consenso e a opinião de terceiros, eles não se prendem à opinião dos outros. As equipes de projeto devem abordar decisões de um modo diferente.

Esferas de tomada de decisão

A tomada de decisão em projetos não é tão simples quanto unidades operacionais ou departamentos. Os patrocinadores e o comitê geral obviamente têm autoridade na tomada de decisão sobre as metas da equipe e o nível de recursos alocados a ela. Eles também têm a autoridade definitiva sobre:

- o pessoal;

- gastos acima do orçamento;

- trazer recursos de fora;

- mudanças na política ou nas metas da organização;

- escolhas que afetem os clientes, como a fixação de preços e especificações; e

- mudanças nos produtos e no cronograma da equipe.

Mas mesmo eles devem reconhecer a opinião dos principais interessados, que podem exigir uma voz nessas decisões.

Os gerentes de projeto, por outro lado, devem ter autoridade somente sobre decisões relacionadas com as operações e processos do projeto, desde que não tenham nada a ver com:

- alterar a meta ou o produto;

- afetar adversamente o cronograma; ou

- afetar adversamente o orçamento.

O mesmo é válido para os líderes de equipe e seus membros. Esses participantes precisam de autoridade para tomar decisões dentro de suas esferas *a não ser que* as decisões possam ter os efeitos negativos descritos acima, ou produzam impactos no trabalho de outras equipes.

Para evitar possíveis discordâncias, certifique-se de que sua equipe de projeto, seu patrocinador, os principais interessados e a alta gerência compreendam que decisões podem ser tomadas pelos diferentes participantes e grupos associados ao projeto.

Os procedimentos de decisão são importantes

Pesquisas indicam que as pessoas se importam com os procedimentos de decisão. Elas querem que o protocolo seja justo. E é muito mais provável que aceitem uma decisão que lhes seja desfavorável se acreditarem que o procedimento para a tomada da decisão foi justo. A confiança é o elemento-chave nesse fenômeno. As pessoas devem confiar naqueles que elaboram os procedimentos de tomada de decisão. Se elas os virem manipulando e agindo por interesse próprio, sua disposição em aceitar decisões — e seu compromisso com o projeto — irá evaporar.

O quem e o como das decisões

Se você é um gerente de projeto ou líder de equipe, deve ajudar os outros membros a concordar com o quem e o como da tomada de decisão. Quem tomará as decisões? No nível da equipe, as decisões serão tomadas pelo líder, por um subgrupo de integrantes, ou todos os membros terão voz? Como as decisões serão tomadas? Valerá a regra da maioria ou o grupo deve chegar a uma unanimidade? As decisões serão definitivas? Em caso negativo, que tipo de processo de modificação a equipe seguirá?

Aqui estão algumas abordagens comuns à tomada de decisão:

- **A regra da maioria.** Os participantes levam sua opinião à reunião, discutem e depois votam. São adotadas as decisões que receberem mais de 50% dos votos.

- **Consenso.** Todos os membros da equipe devem concordar antes que uma decisão possa ser adotada. Se não for possível chegar a um consenso, novas alternativas devem ser desenvolvidas e levadas ao grupo.

- **Um pequeno grupo decide.** Escolhe-se um grupo de pessoas com experiência e habilidades relevantes para tomar decisões.

- **O líder decide com a opinião de terceiros.** O líder de equipe reúne a opinião dos membros e depois toma a decisão.

Na escolha do modo de tomada de decisão, os participantes devem pesar os trade-offs. Quanto mais envolvidos estiverem os membros da equipe no processo de tomada de decisão, maior a probabilidade de que venham a apoiar o resultado. Como consequência, as abordagens de consenso e regra da maioria podem ajudar a formar o compromisso da equipe. Mas há uma desvantagem aqui: estes métodos tomam tempo. Se essa é uma questão importante, a equipe pode usar diferentes abordagens em diferentes situações: pode chegar a um acordo coletivamente sobre questões que sejam mais importantes para os membros e usar uma abordagem mais otimizada para o restante.

Quaisquer que sejam as escolhas feitas sobre as tomadas de decisão, é extremamente importante estabelecê-las durante a etapa de início do projeto. A falta de acordo nas regras de decisão só levará a brigas e dissensão. Se o tempo e os acontecimentos indicarem que essas regras estão prejudicando a consecução das principais metas, mude-as de uma maneira organizada.

Identificação e organização de problemas não resolvidos

A quantas reuniões você compareceu durante as quais questões importantes foram levantadas mas não resolvidas? Provavelmente muitas. Mesmo quando há um consenso de que determinadas questões são importantes, muitas são deixadas de lado. Por quê? Porque não há tempo. Ou porque os participantes não têm informações suficientes para formar uma opinião. Ou algumas pessoas precisam pensar mais no assunto. Todos são motivos válidos para adiar a solução de problemas. A questão é: o que acontecerá com os problemas que vocês não conseguem resolver durante o trabalho de projeto ou reuniões? Eles serão esquecidos? Enfiadas numa gaveta? Mandados para o espaço?

Um contexto para a ação

Os problemas não resolvidos podem bloquear o processo decisório se não houver uma maneira organizada e sistemática de lidar com eles. Também podem suspender o trabalho de projeto se o prosseguimento de certa tarefa tiver de esperar por uma decisão.

Uma maneira de lidar com problemas não resolvidos é colocá-los em um diário de trajetória. Esse elemento tem dois benefícios: os problemas não resolvidos não se perderão, e estará garantido um procedimento para sua solução oportuna. A Tabela 4.1 é apenas uma das muitas versões possíveis de diários de trajetória.

TABELA 4.1
Exemplo de diário de trajetória

Problema	Data da menção	De (responsável)	Comentários	Deve ser resolvido até
Seleção do fornecedor de material	03/03/04	A. Sandoval	Garantir três ofertas	21/05/04
Encontrar novo líder de equipe de tecnologia	07/03/04	K. McIntyre	Líder atual se aposentará em 13/05/04	O quanto antes
Comparecer ou não à conferência da APRQ em junho	10/03/04	J. Johnson	O custo ainda não foi calculado. O prazo para inscrição é 18/04/04	16/04/04

A simples criação de um diário não elimina o problema de questões não resolvidas. Alguém simplesmente assume a responsabilidade por elas e por levá-las de volta ao fórum de decisão em um momento oportuno. Os proprietários do problema e o gerente de projeto devem dividir a responsabilidade — os proprietários porque são os que afirmam que seus problemas são importantes e o gerente porque é ele quem determina a agenda.

A questão importante — e o benefício de usar um diário de trajetória — é que os problemas que importam não se perderão nem serão esquecidos.

Documentação de decisões e ações

Se você participa de várias reuniões por dia, deve saber como é fácil se perder sobre quais decisões são tomadas nessas reuniões e a quem são atribuídas várias medidas pós-reunião. Segue-se a confusão.

"Eu nunca concordei com esse plano. Eu concordei com..."

"Como decidimos vários meses atrás, o grupo de fornecedores será limitado às três empresas com as quais temos negociado. John, por que essa cara confusa? Não se lembra desse acordo?"

"Então agora dividimos nosso plano com cada um dos departamentos envolvidos e seu pessoal. Nós já nos reunimos com eles, não foi?"

Essas declarações e perguntas parecem familiares? Se o forem, você precisa de um método para não perder de vista as decisões tomadas por seu grupo. As minutas e os relatórios de progresso podem servir a esse propósito.

Minutas

Um projeto vultuoso, com muitas reuniões e participantes, pode facilmente perder de vista o que foi ou não feito — quem concordou com o quê e quem não concordou. É por isso que todos os projetos, até os menores, devem ter um método sistemático para acompanhar as decisões, atribuições e ações.

Muitas organizações usam minutas de reuniões — anotações registradas por um determinado indivíduo — para esse propósito. As minutas são analisadas e aprovadas na reunião seguinte, com emendas feitas, se for necessário. Essas minutas aprovadas irão então para um arquivo que os participantes podem consultar quando precisarem.

Relatórios de progresso

As minutas são úteis e devem ser feitas em cada reunião de alto nível. Simples anotações serão suficientes em reuniões de nível mais baixo. Mas as reuniões

Um contexto para a ação

não são apenas fóruns em que são tomadas decisões e medidas. Para cada hora que as pessoas passam em reuniões, muitas horas de trabalho acontecem em outros lugares — pelo menos, é o que se espera! Por exemplo, para apoiar uma equipe de projeto que está trabalhando numa nova linha de produtos, o pessoal do laboratório de P&D está ocupado testando materiais e interfaces de componentes. Os especialistas em marketing estão consultando possíveis clientes para saber de suas necessidades. Analistas de finanças estão mastigando números, tentando estimar custos e o valor da nova linha de produtos para a empresa. Cada uma dessas atividades deve relatar seu progresso e problemas ao gerente, que deve digerir a informação e usá-la para acompanhar o desenvolvimento do projeto como um todo.

A situação e as informações que o gerente requer para ter controle e dar continuidade ao trabalho determinarão quais relatórios são necessários. Como as minutas de reuniões, os relatórios de progresso devem ser arquivados de forma organizada, que os tornem acessíveis a quem precisar das informações que contêm. As especificações do sistema de arquivamento são menos importantes do que a coerência e a transparência do sistema em si.

Observação: Os apêndices no final do livro contêm um formulário que você pode usar ou adaptar para seus relatórios de progresso.

Criação de um plano de comunicação

Um plano de comunicação é uma das coisas que devem ser criadas no final do projeto. A importância de tal plano depende do número de pessoas, departamentos e entidades que participarão — e sua dispersão geográfica. Projetos pequenos que envolvem algumas pessoas alocadas em um mesmo local podem não precisar de um plano, mas apenas de reuniões agendadas regularmente em local e hora determinados. Essas pessoas podem compartilhar informações a qualquer momento que se cruzem no corredor ou tomem um café. Já um projeto grande, que reúna dezenas de pessoas de muitos departamentos, várias localizações geográficas e diferentes organizações, deve ter um

80   Gerenciando projetos grandes e pequenos

plano de comunicação muito estruturado e completo. Será um desafio conseguir que essas pessoas muito dispersas conversem e partilhem ideias. Assim, deve-se instalar uma infraestrutura de comunicação. Sem ela, os participantes de um grande projeto não poderão coordenar seus esforços, resolver problemas e cumprir prazos de entrega.

Dicas para a comunicação em projetos maiores

Se seu projeto é grande, é provável que seus participantes estejam espalhados pelo prédio. Alguns podem estar localizados em instalações da empresa em outras cidades e países. É possível que alguns nem sejam funcionários da empresa, mas fornecedores ou funcionários de um parceiro estratégico. Como você pode transmitir informações facilmente a essas pessoas quando necessário? E como pode ajudá-las a se comunicar? Aqui vão algumas dicas:

• Dê a uma pessoa competente a responsabilidade por criar um site do projeto e um boletim na internet, especialmente se o prazo para a conclusão for longo. Use o boletim para relatar progressos, problemas e eventos futuros.

• Use o site do projeto para publicar o termo de abertura, atribuições, datas e minutas de reuniões, e outros materiais. As pessoas poderão ter acesso a essas informações sozinhas.

• Agrupe os endereços de e-mail de cada equipe de trabalho. É provável que seu software de e-mail tenha uma função que lhe permita mandar uma mensagem a um grupo predeterminado de pessoas com um só clique. Essa funcionalidade facilita o envio de informações às pessoas que precisam dela sem incomodar a todos com e-mails desnecessários.

Um contexto para a ação

Todo plano de comunicação deve incluir protocolos para as reuniões, e-mail e relatórios. Os projetos maiores devem ter uma *sala de equipe* e ligações eletrônicas — como um site do projeto, teleconferência e videoconferência — que sejam capazes de conectar interessados e membros da equipe muito distantes.

Reuniões

Os projetos são pontuados por reuniões. Reuniões agendadas regularmente. Reuniões às pressas. Reuniões que lidam com emergências.

As reuniões são a atividade que as pessoas ocupadas e orientadas para a ação *menos* gostam, mas em geral são a melhor maneira de transmitir informações. As reuniões também proporcionam fóruns nos quais as ideias podem ser partilhadas e as decisões, tomadas; o progresso em geral depende dessas decisões. Assim, se seu projeto precisa ter reuniões, e muitas, é sensato extrair o máximo delas.

Em certo nível, isso significa prender-se a um cronograma regular. Se as pessoas souberem que as reuniões da equipe de projeto acontecem toda segunda-feira, das 15 às 16 horas, por exemplo, elas poderão planejar suas outras responsabilidades em torno desses dias e horários. Ter um cronograma regular também poupa os organizadores de reuniões da absorvente tarefa de encontrar um horário conveniente com o qual todos possam concordar.

Política de comparecimento

Também deve haver uma política de comparecimento associada às reuniões de projeto. As decisões não podem ser tomadas quando importantes participantes não estão à mesa. Em vez disso, as decisões serão adiadas para a próxima reunião, criando estragos no trabalho programado.

O problema do absentismo nas reuniões é particularmente grave quando os principais participantes do projeto têm uma responsabilidade considerável

82   Gerenciando projetos grandes e pequenos

em suas funções regulares. Por exemplo, se o diretor da empresa é solicitado a passar 85% de seu tempo em suas tarefas regulares, sua participação nas reuniões de projeto será secundária em relação a outras demandas de seu tempo — a não ser que haja uma política sobre o comparecimento. Assim, estabeleça uma política já de início. Se viagens são um obstáculo ao comparecimento à reunião, considere usar tecnologias de telecomunicações para conectar os viajantes às reuniões que acontecerem. Falaremos mais sobre isso daqui a pouco.

Observação: Extrair o máximo das reuniões requer preparação, envolvendo os processos corretos durante e depois, com o seguimento das decisões e acordos realizados. Se quiser aprender sobre estes aspectos das reuniões, veja "o guia para reuniões eficazes" no Apêndice B. Este guia o ajudará a se preparar para suas reuniões, a conduzi-las e a dar seguimento a elas com eficácia.

Tecnologia para reuniões

Há ocasiões em que e-mails não são suficientes — e os membros da equipe precisam se reunir para conversar sobre seu trabalho. Em alguns casos, basta poder se comunicar verbalmente. Em outros, é necessário também ver os outros ou os objetos físicos que estes portam: uma pessoa que acaba de se juntar à equipe, um protótipo, ou quatro opções de cor para um novo produto. Às vezes, elas podem querer ver como um cliente adaptou um produto para torná-lo mais eficaz. Felizmente agora temos muitas tecnologias disponíveis que possibilitam cada uma dessas diferentes formas de comunicação.

E-MAIL. O e-mail é uma ferramenta de comunicação extraordinária. As mensagens podem ser transmitidas quase instantaneamente e a um custo muito baixo, de uma parte a outra do prédio ou por milhares de quilômetros. Arquivos de texto, fotos, documentos digitalizados e slides de apresentação podem ser anexados e transmitidos na velocidade de uma batida do coração.

Todo membro de projeto deve ter um endereço de e-mail e os endereços de todos os outros participantes. Se for haver grande dependência de docu-

Um contexto para a ação   83

mentos anexados a e-mails, verifique as questões de compatibilidade e compressão e estabeleça protocolos para seu uso. Esclareça quem deve receber cópia e não exagere. Provavelmente não há necessidade de mandar cópia a todas as pessoas da equipe a cada correspondência que você enviar; ninguém quer receber uma quantidade imensa de e-mails irrelevantes. Certifique-se também de que todos estejam informados das decisões que os afetam e que as pessoas que precisam participar das decisões sejam consultadas.

Os e-mails podem ajudar a criar uma trilha virtual e podem conter informações importantes se surgirem mal-entendidos e conflitos.

CONFERÊNCIA POR TELEFONE. A conferência por telefone é o meio mais rápido e mais fácil de comunicação verbal entre a equipe. E possui uma característica que falta ao e-mail: permite conversas muito mais dinâmicas. Esta vantagem torna a teleconferência um meio mais adequado quando a meta é discutir, fazer um brainstorming, resolver problemas ou tomar decisões.

Atualmente existem muitos tipos de tecnologia de teleconferência. Verifique com seu provedor de serviços de comunicação as opções mais atualizadas.

VIDEOCONFERÊNCIA. A videoconferência é outro canal de conectividade em um projeto. Pode reunir as equipes sem desperdiçar tempo ou dinheiro com refeições, viagens e acomodações. As equipes de projeto localizadas em Londres, Paris e Montreal, por exemplo, podem se analisar e interagir com os colegas em Roma sem sair de seus escritórios. Elas podem analisar e discutir os mesmos objetos e documentos em tempo real. A videoconferência, porém, é complicada e exige a ajuda de pessoal com habilidades técnicas especializadas. Basicamente, os participantes precisam de computador, câmera, microfone, software e conexão à internet que sejam adequados. Infelizmente, os sistemas de diferentes fornecedores nem sempre são compatíveis com diferentes computadores, e assim, se sua equipe optar por vídeo, certifique-se de conseguir um sistema compatível.

A vantagem do visual sobre o áudio

Em seu valioso artigo "Distance Matters", Gary Olson e Judith Olson concluem que as tentativas de utilizar tecnologias de conexão fracassam ou exigem grandes esforços dos membros da equipe para se adaptarem ao uso das tecnologias de mídia. Além dessa conclusão geral, eles observam que as conexões em vídeo são muito superiores às de áudio:

Nossos dados mostram que até para as pessoas que se conhecem e já trabalharam juntas, uma simples conexão por áudio para conversar e um editor compartilhado para o trabalho em tempo real não é suficiente para produzir a mesma qualidade de trabalho feita cara a cara. No caso de conexões por vídeo, por outro lado, gerou-se um resultado semelhante ao produzido por pessoas que se encontraram pessoalmente. O processo de seu trabalho mudou, porém, exigindo mais esclarecimentos e maior supervisão gerencial (discussões sobre como conduzirão o trabalho, e não a realização do trabalho.)

Fonte: Gary M. Olson e Judith S. Olson, "Distance Matters", *Human Computer Interaction*, 15 (2000): 152.

Colocando as pessoas em contato

A distância tem importância no trabalho em equipe. Quanto maior a proximidade física entre os participantes do projeto, mais provável será que interajam e compartilhem ideias regularmente. Como descobriu anos atrás o pesquisador do MIT (Massachusetts Institute of Technology) Tom Allen: "É mais provável que as pessoas se comuniquem com os que se situam mais próximos delas. Os indivíduos e grupos podem, portanto, ser posicionados de maneira que a comunicação seja promovida ou inibida."[1] Assim, as localizações físicas dos membros da equipe têm um forte impacto sobre a profundidade da comunicação e a partilha de conhecimento.

Um contexto para a ação

Os escritores Marc Meyer e Al Lehnerd destacam a importância da localização em seu livro sobre o desenvolvimento de plataformas de produtos realizado por equipes:

Os princípios da disposição de equipes, de expô-las a uma variedade de informações e fornecer uma exibição contínua dessas informações são importantes (...). É evidente que a reunião de membros da equipe em um espaço físico melhora a comunicação e a troca de informações. Aqui, fragmentos de conhecimento e informações que por si nada significam podem ser reunidos com outros fragmentos, formando insights *significativos. A localização da equipe também fomenta a criação de vínculos entre os membros e o compromisso necessário para os projetos focados, rápidos e de alto risco.*[2]

Uma abordagem eficaz à questão da localização — mesmo quando é inviável que os espaços individuais de trabalho dos membros da equipe estejam em estreita proximidade — é a criação de uma *sala da equipe* de projeto. Esse é um espaço dedicado ao trabalho da equipe e seus membros. Funciona como um local para reuniões, onde os membros podem partilhar ideias e onde todos os artefatos físicos e registros do trabalho de equipe podem ser exibidos ou guardados. Estes artefatos e registros podem incluir:

- produtos desmontados da concorrência;

- os protótipos atuais da equipe;

- relatórios de pesquisa e testes relevantes;

- uma biblioteca especializada de livros e periódicos técnicos.

A sala da equipe pode também colocar esses itens nas paredes:

- um grande gráfico de Gantt que descreva o cronograma e os marcos do projeto do início ao fim;

86   Gerenciando projetos grandes e pequenos

- uma cópia original do termo de abertura da equipe, assinada pelo patrocinador executivo; e
- o orçamento da equipe, incluindo as *variâncias* atuais.

Esta sala da equipe também deve ser equipada com um microfone — e talvez equipamento de videoconferência — para acomodar a discussão do grupo com membros que estão distantes. Um quadro branco e um flip chart devem completar o cenário. Coletivamente, a sala de equipe e seu equipamento facilitam o trabalho e fomentam a identidade da equipe.

A sala de equipe que descrevemos pode não ser viável se os participantes do projeto estão espalhados em um prédio grande ou em outras cidades. Mas você pode conseguir parte dos mesmos benefícios por meio de um site do projeto. Uma sala de equipe virtual pode ser criada no site usando quatro paredes, como as salas de equipe reais:

- **Parede do propósito.** Esta parede inclui o termo de abertura da equipe, as metas, tarefas, uma lista de produtos e resultados atuais.

- **Parede do pessoal.** Esta seção identifica os membros da equipe e declara seus papéis. Aqui os usuários podem encontrar quem está envolvido com diferentes aspectos do projeto. Se possível, anexe uma foto de cada membro da equipe e uma breve descrição de seu trabalho e expertise específicos. Colocar um rosto e um pouco de história com um nome cria uma importante dimensão para o trabalho de equipe virtual.

Dicas para extrair o máximo de sua sala de equipe

Uma sala de equipe de projeto é o ambiente natural para as reuniões. Mas você só terá todos os benefícios do espaço se as pessoas fizerem dele um lugar regular de reuniões. Aqui estão algumas coisas que você pode fazer para atrair as pessoas regularmente à sala da equipe:

- Patrocine almoços periódicos em que cada participante traz seu próprio lanche na sala de equipe. Use um motivo em particular, um cientista de pesquisa visitante, um cliente importante ou um executivo de uma empresa parceira, para reunir as pessoas para essas sessões informais.

- Crie um espaço informal e confortável, eliminando a mobília comum de salas de reuniões em favor de sofás, mesas de centro e espreguiçadeiras.

- Disponibilize muitos blocos de desenho e canetas para estimular as pessoas a esboçar suas ideias.

- Inclua uma geladeira pequena abastecida com refrigerantes, sucos e lanches, que atrairão os membros da equipe para a sala, onde conversarão.

- **Parede de documentação.** Esta parte do site contém um cronograma das reuniões futuras e suas pautas. As minutas de reuniões passadas e quaisquer apresentações também podem ser guardadas aqui. Os membros podem usar essa parede para colocar seu trabalho para análise e comentários dos colegas, que também podem ser publicados.

- **Parede da comunicação.** Esta seção contém links e informações que conectam todos da equipe.

O equilíbrio na formalização do processo

Tudo o que abordamos até agora diz respeito a processos para facilitar desenvolvimento do projeto: como as decisões serão tomadas, como a comunicação será mantida e assim por diante. A atenção ao processo é importante, mas não exagere. Robert Austin e seus coautores da Harvard Business School defendem uma abordagem minimalista à formalização do processo. Na opinião deles, os projetos devem encon-

> trar um equilíbrio entre a disciplina e a agilidade. A formalização do processo contribui para a disciplina, mas reduzirá a agilidade se for levada ao extremo. "As empresas que tiveram mais sucesso no equilíbrio entre disciplina e agilidade", escrevem eles, "nem evitaram completamente a formalização do processo, nem deixaram que o esforço de formalização as sobrepujasse. Elas desenvolveram ferramentas simples de gestão de processo baseadas nas ideias de que o melhor equilíbrio é aquele que limita as especificações formais ao que é considerado crítico para o sucesso do processo".

Fonte: Lynda M. Applegate, Robert D. Austin e F. Warren McFarlan, *Corporate Information Strategy and Management*, 6 ed (Burr Ridge, IL: McGraw-Hill/Irwin, 2002), 278.

Os sites têm grande valor, mas requerem algum cultivo. Alguém deve monitorar e atualizá-los. Dependendo do escopo do projeto, esta importante tarefa pode até ser a contribuição total de alguém à equipe.

Desenvolvimento do orçamento

Um *orçamento* é a tradução dos planos em gastos mensuráveis e retornos previstos em certo período de tempo. Nesse sentido, ele é a planta ou plano de ação financeiro para o projeto. Para as empresas, um bom orçamento pode ser a diferença entre o sucesso e o fracasso, porque um bom orçamento — e a adesão a ele — dá às pessoas os recursos de que precisam para concluir suas tarefas. Os orçamentos de projeto servem a uma função semelhante.

A primeira pergunta a fazer quando se desenvolve um orçamento é: o que é necessário — em termos de recursos — para concluir com sucesso esse projeto? Para determinar os custos do projeto, fragmente as principais categorias de custo que você prevê. Aqui estão as categorias típicas que geram custos:

- **Pessoal.** Esta quase sempre representa a maior parte do orçamento de um projeto e inclui trabalhadores de tempo integral e parcial.

Um contexto para a ação   89

- **Viagens.** As pessoas podem ter que se deslocar de um local para outro durante o projeto. Todos estão no mesmo local ou a equipe terá de ser reunida em um lugar? Não se esqueça de orçar as refeições e acomodações.

- **Treinamento.** Será necessário treinamento? Se a resposta for afirmativa, esse treinamento acontecerá no local ou exigirá despesas de viagem? Se você planeja contratar um funcionário ou empresa terceirizada para fazer o treinamento, o orçamento deve refletir seus honorários e despesas.

- **Suprimentos.** Além dos habituais — computadores, canetas, papel e software —, você pode precisar de equipamento incomuns. Procure prever o que o projeto exigirá.

- **Espaço.** Algumas pessoas podem ter de ser realocadas em espaços alugados. Quanto espaço e dinheiro isso exigirá?

- **Serviços de pesquisa e profissionais.** Você precisará comprar estudos ou contratar uma empresa de pesquisa de mercado? Planeja trazer um consultor ou procurar aconselhamento jurídico? O orçamento deve refletir o custo de cada um desses fatores.

Uma vez que os custos são estimados antes que o trabalho realmente tenha início, a conclusão do orçamento dá aos membros da equipe uma oportunidade de se perguntarem se realmente querem realizar esse projeto, dado o custo. O patrocinador, por exemplo, pode querer reconsiderar o projeto ou reduzir seu escopo depois da estimativa de custos. Da mesma forma, se o patrocinador não está disposto a financiar totalmente o orçamento, o gerente de projeto, e qualquer outro encarregado do sucesso ou fracasso do trabalho, pode querer se afastar. Os projetos que não são bem financiados estão em risco desde o início.

Em alguns casos, o orçamento não pode ser flexível. Um exemplo é um projeto regido por um contrato com um pagamento total fixo. Os projetos operados pela própria empresa, porém, têm em geral alguma flexibilidade, que se faz necessária, uma vez que é extremamente difícil prever cada despesa. Os melhores projetos, afinal, são os que se alteram à medida que atravessam barreiras e encontram oportunidades valiosas. É por esse motivo que muitos gerentes deixam alguma folga em seus orçamentos. Eles pedem aproximadamente 5% do orçamento estimado para esse fim. Essa cota a mais lhes dá uma capacidade, limitada, de lidar com custos imprevistos sem ter que pedir financiamentos adicionais ao patrocinador.

Depois que um projeto foi lançado, o gerente pode usar o orçamento para monitorar o progresso, comparando os resultados reais com os resultados orçados. Este feedback, ou monitoramento e avaliação do progresso, permite por sua vez que a equipe tome medidas corretivas oportunamente.

Resumo

- Seu projeto ligará as muitas atividades a partir de decisões — dezenas e dezenas delas. Assim, antes de dar a partida, determine quem tomará as decisões e como o fará. As táticas incluem a regra da maioria, o consenso, decisões de um pequeno grupo e decisões de um líder oficial.

- Durante as reuniões, surgirão problemas que não podem ser resolvidos de imediato. Se estes problemas forem importantes, eles devem ser identificados e levados aos agentes de decisão em um momento adequado. Use um diário de trajetória para esse fim.

- Documente as decisões à medida que elas são tomadas para que as pessoas possam se lembrar do que concordaram em fazer.

- A comunicação é essencial em um projeto grande e de distribuição ampla. Crie um plano viável para os membros do projeto e facilite a comunicação entre eles.

- Coloque os membros da equipe o mais próximo possível. Quanto maior a proximidade física, maior a comunicação entre eles.

- As tecnologias de telecomunicações — inclusive sites do projeto, e-mail, conferências por telefone e videoconferência — podem proporcionar canais de comunicação para equipes geograficamente dispersas.

- Crie um orçamento. Ele o ajudará a se manter nos trilhos.

A decomposição do trabalho

Do trabalho imenso às tarefas administráveis

Principais tópicos abordados neste capítulo

- *O uso da estrutura analítica do projeto para subdividir tarefa complexas em muitas tarefas menores*

- *A estimativa de tempo e recursos necessários para cada tarefa*

- *A adaptação da equipe às tarefas*

Depois de ter concluído todos os processos de administração interna e criar um orçamento para seu projeto, você está pronto para avançar para a primeira parte técnica, que objetiva decompor um grande trabalho em um conjunto de tarefas administráveis.

Muitos objetivos abordados nos projetos são imensos e de complexidade perturbadora. Para aqueles que não trabalham no setor de construção civil, o trabalho de construir um prédio de oito andares parece impossível de tão complexo. Como você criaria uma fundação capaz de suportar o peso de um milhão de toneladas de vigas de aço e outros materiais — sabendo que tudo isso deve chegar ao local na época certa e na ordem correta? Como você colocaria elevadores e água corrente nos andares superiores? Como faria o trabalho de organizar, agendar e dirigir um pequeno exército de eletricistas, metalúrgicos, encanadores, carpinteiros, vidraceiros e muitos outros?

Parece incompreensível, não é? Abordar um projeto tão assustador e dessa magnitude lembra a velha piada que pergunta: "Como se come um elefante?" Embora o desafio intimide, a resposta é simples e de bom senso: cortando o elefante em pedacinhos. A mesma abordagem é válida para projetos grandes e pequenos — isto é, fragmente o objetivo em um conjunto de tarefas administráveis. Este capítulo explica como o conceito de *estrutura analítica do projeto* (WBS) pode ser usado justamente para isso. Usando a WBS e começando pelo objetivo maior, você pode decompor a meta do projeto nas muitas tarefas necessárias para sua realização. O tempo e dinheiro necessários

A decomposição do trabalho

para concluir tais tarefas podem então ser estimados. Esta abordagem ajuda os gerentes a responder a estas importantes perguntas:

- O que devemos fazer para alcançar nossas metas?
- Quanto tempo levará?
- Qual será o custo?

Muitos projetos fracassam porque uma parte significativa do trabalho foi desprezada, ou porque o tempo necessário para completar o trabalho foi grosseiramente subestimado. Se você está construindo um prédio ou instalando um novo sistema de banco de dados, e esquecer de incluir em seus planos o tempo e o custo de treinamento da equipe, é improvável que você cumpra todos os seus objetivos. Mas a análise cuidadosa pode salvar o dia. Este capítulo explica como você pode fragmentar cada objetivo em tarefas menores e estimar razoavelmente o tempo e os recursos necessários para realizar cada tarefa.

Estrutura analítica do projeto

A WBS é uma ferramenta usada pelos gerentes de projeto para desenvolver estimativas, designar membros, identificar o progresso e revelar o escopo do projeto. Você pode usar essa ferramenta para subdividir tarefas complexas em muitas tarefas menores e essas, por sua vez, podem ser decompostas ainda mais.

Para criar uma WBS, pergunte: o que terá de ser feito para realizarmos nosso objetivo? Ao fazer a mesma pergunta repetidamente, a cada tarefa e subtarefa, você por fim chegará a um ponto no qual as tarefas não poderão mais ser subdivididas. Considere este exemplo:

A ABC Auto Company planeja introduzir no mercado um novo carro de passeio. Essa é uma tarefa bem ampla. No nível mais alto, os funcionários estão diante de quatro tarefas:

1. Determinar as exigências dos clientes.

2. Projetar um veículo que atenda a essas exigências.

3. Construir o veículo.

4. Testá-lo.

Como indica a Figura 5.1, cada uma dessas tarefas pode ser fragmentada em um conjunto de subtarefas. E cada uma das subtarefas mostradas na figura pode ser fragmentada ainda mais. Por exemplo, o Esquema de Motor, sob a tarefa Projeto de Veículo, pode ser decomposto em dezenas de subtarefas, tais como o projeto de sistema do transmissão e o projeto do sistema de resfriamento.

FIGURA 5.1
Estrutura analítica para projeto de protótipo de automóvel

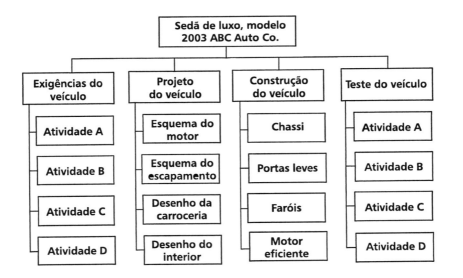

Fonte: Harvard ManageMentor® sobre Gerenciamento de Projeto (Boston: Harvard Business School Publishing, 2002). Reproduzido com permissão.

A decomposição do trabalho

Em nosso exemplo, a equipe de projeto do novo veículo chegará a um ponto em que não haverá razão prática para fragmentar ainda mais as tarefas. Esse ponto pode ser quando as tarefas estiverem decompostas em partes administráveis em um dia ou semana. A essa altura, termina a análise do trabalho. Uma WBS consiste, em geral, de três a seis níveis de atividades. Quanto mais complexo o projeto, mais níveis ele terá. Como regra geral, pare de subdividir tarefas quando cada tarefa levar uma quantidade de tempo igual à menor unidade de tempo que você pretende agendar.

Dicas para fazer WBS

Muitos projetos saem do caminho porque os membros da equipe não conseguem identificar todas as tarefas e subtarefas. Aqui estão algumas dicas para fazer sua WBS corretamente:

- Comece com as tarefas maiores em direção às menores.

- Envolva as pessoas que terão de fazer o trabalho. Elas estão em melhores condições para saber o que requer cada tarefa e como elas podem ser decompostas em partes administráveis. O gerente de projeto e os membros adequados da equipe devem analisar cada tarefa e determinar se todas são necessárias e se algumas podem ser reprojetadas para que sejam concluídas de forma mais rápida e barata.

- Verifique seu trabalho olhando todas as subtarefas e vendo se elas compõem as tarefas de nível mais alto. Lembre-se, você não quer deixar nada de fora.

Estimativas de tempo e recursos

Depois que o gerente de projeto está satisfeito com a decomposição das tarefas, um novo conjunto de perguntas deve ser respondido:

- Quanto tempo levaremos para concluir cada tarefa?
- Qual será o custo provável para a conclusão de cada tarefa?
- Que habilidades serão necessárias para concluir bem cada tarefa?

Sobre o tempo

Vamos abordar primeiro a questão do tempo. Se a tarefa é familiar — isto é, se é algo que os funcionários já fizeram muitas vezes —, não será difícil estimar o tempo para a conclusão. As tarefas desconhecidas, ao contrário, exigem muito mais reflexão e discussão. Lembre-se apenas de que estas estimativas de tempo acabarão em um cronograma para todo o projeto e, portanto, você deve ser o mais realista possível. O componente tempo, se grosseiramente subestimado, voltará mais tarde para assombrá-lo. Aqui estão algumas dicas para fazer essas estimativas de tempo:

- A estimativa deve ser baseada na experiência, usando um tempo médio esperado para a realização da tarefa. Quanto mais familiarizado você ou outros funcionários estiverem com uma determinada tarefa, mais precisa será sua estimativa.

- Lembre-se sempre de que uma estimativa é apenas isso — uma estimativa. Não dá garantias, então não a transforme, nesta fase, em compromissos fixo.

- Quando apresentar estimativas a interessados, assegure-se de que eles estejam cientes de todos os pressupostos e variáveis embutidos nesses cálculos. Considere a opção de apresentar o fator tempo em faixas, e não em estimativas fixas. Por exemplo, diga: "A Tarefa A levará de 8 a 12 horas para ser concluída." Qualquer estimativa fixa pode se mostrar errada, enquanto uma faixa tem mais chance de estar correta, porque considera as variações naturais.

- Alongar as estimativas é uma maneira aceitável de reduzir o risco de uma tarefa (ou todo o projeto) levar mais tempo do que permite o cronograma. No entanto, essa prática deve ser feita abertamente e com a plena consciência do que está sendo feito.

Sobre os custos e habilidades

Depois de abordar as questões de tempo, o gerente do projeto deve rever cada tarefa com o objetivo de orçar seus curtos recursos e habilidades específicas necessárias. O resultado dessa análise indicará o nível de comprometimento financeiro e de recursos que a organização terá de realizar. Também dará ao gerente uma ideia melhor sobre quem será necessário na equipe de projeto, com base nas habilidades exigidas. Se estas não estiverem disponíveis na organização, os hiatos terão de ser preenchidos por meio de treinamentos, contratação de profissionais com as habilidades exigidas e/ou de especialistas independentes — elementos que devem ser considerados no custo do projeto.

A distribuição do trabalho

Com o resultado da WBS, o gerente está em condições de distribuir o trabalho. Cada tarefa deve ter um responsável identificado — alguém, e não um departamento, que se ocupará do trabalho. Esse responsável deve ter tempo suficiente em sua agenda para concluir a atribuição.

Se a equipe ainda não foi determinada, o gerente deve usar o que é sabido sobre as exigências de habilidade para recrutar as pessoas certas de dentro ou de fora da empresa. Se a equipe já foi determinada, ou se não é possível recrutar pessoas de fora, o gerente deve fazer o máximo com os talentos de que dispõe. Isso significa avaliar as habilidades das pessoas e combiná-las da melhor maneira possível com a lista de tarefas, usando treinamentos para preencher os hiatos de habilidade. Se você já trabalhou com os membros da equipe e conhece seus pontos fortes, faça você mesmo a distribuição das tarefas. Se você não está familiarizado com as capacidades de cada um, crie duas listas: uma com os nomes das pessoas designadas para a equipe e outra com as habilidades necessárias para a conclusão bem-sucedida do trabalho. Em sua próxima reunião, repasse essas listas. Estimule as pessoas a falar de suas habilidades e dê ao grupo a responsabilidade de designar inicialmente as pessoas adequadas às tarefas listadas. Determinar atribuições na criação de um grupo permite que as pessoas saibam quais são as habilidades de cada um; além de estimular que as pessoas certas sejam designadas para as tarefas, e que os membros da equipe tornem-se cientes dos recursos finitos de que dispõem.

Se os integrantes não conseguem encontrar ninguém para lidar com determinadas tarefas, você terá de pensar em treinamentos e recrutamentos. Se eles designam um indivíduo para um grande número de tarefas, assegure-se de que essa pessoa tenha tempo para fazer todo o trabalho. Sobrecarregar um membro de equipe é análogo a criar um plano que depende de uma determinada máquina para operar 30 horas por dia! Simplesmente não funciona. Mas acontece. É comum que as empresas descubram que seus projetos exigem que uma pessoa ou mais trabalhem o tempo todo nos projetos. Algumas chegam a exigir que uma pessoa trabalhe em dois lugares diferentes ao mesmo tempo!

Verifique também se algum membro de equipe não está sendo pouco solicitado. Todos precisam contribuir.

Um exemplo mais extenso

Agora que foram descritos os conceitos básicos da estrutura analítica do projeto, vamos ver como uma empresa o coloca em prática através do exemplo do projeto Phoenix, cuja meta é instalar três servidores e transferir os principais bancos de dados para um novo centro de dados. Esse caso ilustra uma abordagem das tarefas específicas e subtarefas relacionadas e da atribuição de estimativas de tempo a cada uma delas. Para simplificar, não foram incluídas as exigências de custos e habilidades.

A decomposição do trabalho

A Tabela 5.1 indica as principais tarefas do projeto e como cada uma delas é fragmentada e descrita em maiores detalhes. Como mostramos, cada tarefa importante é especificada em uma ou mais subtarefas de Nível 1, e outras são em seguida especificadas como subtarefas de Nível 2. A cada subtarefa é atribuído um tempo estimado, cujo total é de 22 dias. Isso não quer dizer que o tempo total necessário para concluir o projeto é de 22 dias, uma vez que algumas tarefas podem ser concluídas paralelamente. Por exemplo, um membro da equipe pode alertar o centro de dados sobre a chegada de um novo equipamento ao mesmo tempo em que outro conclui uma ordem de compra e a envia ao fornecedor.

Observação: O Apêndice A no final deste livro contém uma planilha de estrutura analítica do projeto como a que mostramos na Tabela 5.1. Você pode usá-la para especificar as muitas tarefas de seu projeto.

TABELA 5.1
Estrutura analítica do projeto Phoenix

Tarefa principal	Subtarefas de nível 1	Subtarefas de nível 2	Duração da subtarefa nível 2 (dias)
Obter o equipamento	Comprar três servidores e dois bancos de dados com equipamento a ser enviado a novo centro de dados	Fazer pedido de compra e submeter a fornecedor	5
		Alertar centro de dados de que o equipamento chegará em breve	2
Preparar e implantar o equipamento	Instalar fisicamente o hardware		2
	Carregar sistema operacional		1
	Carregar aplicativos	Carregar software, inclusive o software do servidor, aplicativos do banco de dados e dependências necessárias	2

100 Gerenciando projetos grandes e pequenos

TABELA 5.1
Estrutura analítica do projeto Phoenix (cont.)

Tarefa principal	Subtarefas de nível 1	Subtarefas de nível 2	Duração da subtarefa nível 2 (dias)
	Espelhar conteúdo em servidores novos	Copiar configurações, transferir arquivos para os novos servidores e processá-los adequadamente	3
Testar o equipamento	Garantir a conectividade na rede; verificar acesso e funcionalidade do banco de dados		1
Rodar	Iniciar operação do novo centro de dados	Mudar o acesso da internet e do banco de dados a novos sites	1
		Realizar testes predeterminados para garantir a precisão dos dados	1
		Verificar integridade e conteúdo dos dados	1
Testar novamente	Deixar os locais em funcionamento por 24 horas e verificar integridade novamente		1
Desativar o equipamento antigo	Remover o antigo equipamento do local	Desinstalar equipamento, apagar software e conteúdo	1
		Enviar equipamento para estoque	1
		Duração total (dias)	22

Fonte: Harvard ManageMentor® sobre Gerenciamento de Projeto (Boston: Harvard Business School Publishing, 2002), 16. Reproduzido com permissão.

Pode-se continuar?

A conclusão da estrutura analítica do projeto é um marco importante no planejamento. O resultado da WBS é uma estimativa aproximada de quanto tempo será necessário para a conclusão do projeto. O custo e as habilidades necessárias podem ser estimados pela mesma análise. Juntos, esses cálculos representam informações importantes que não estão disponíveis aos agentes de decisão e principais interessados quando eles encomendam o projeto. Assim, eles devem se perguntar se realmente desejam continuar:

- Podemos arcar com o projeto?

- Se houver sucesso, terá valido o custo?

- Temos as habilidades necessárias para obter sucesso?

- O projeto terminará no prazo e fará diferença para nossos negócios?

Uma vez que o investimento da organização no projeto será relativamente pequeno até esse ponto, essas perguntas são muito apropriadas, e abandonar o projeto por qualquer um dos motivos não seria terrivelmente doloroso.

O abandono, é claro, não é a única opção se forem insuficientes tempo, dinheiro ou habilidades. A outra opção é alterar o escopo do projeto. Se o tempo for insuficiente para concluir o projeto antes de uma data alvo importante, como uma grande feira de negócios, ou se o projeto for dispendioso demais, deve-se pensar em reduzir os objetivos. Produzir parte do projeto pode ser melhor do que não produzir nada. Se as habilidades necessárias não estão disponíveis, pense em adiar o lançamento do projeto até uma época em que o treinamento e o recrutamento possam fornecê-las.

Sua empresa deu uma segunda olhada nos planos de projeto a essa altura? Deve fazer isso. Os executivos da empresa são flexíveis com relação aos objetivos do projeto quando falta tempo ou outros recursos? Eles devem ser.

Resumo

- A estrutura analítica do projeto (WBS) é uma técnica utilizada para decompor metas de nível alto nas muitas tarefas necessárias para alcançá-las.

- Depois de concluída a WBS, os gerentes podem estimar o tempo e o custo necessários para concluir cada tarefa. Eles também podem designar pessoas para as tarefas que identificaram.

- Pare de decompor uma tarefa quando chegar ao ponto em que as subtarefas levem uma quantidade de tempo igual à menor unidade de tempo que você quer programar para um único item. Esta unidade pode ser de um dia ou uma semana.

- Seu exercício de WBS pode revelar algumas conclusões desafiadoras: o projeto custará mais do que vale, a organização não tem as habilidades para fazer o trabalho, ou o projeto levará tempo demais para ser concluído. Essas revelações devem fazer com que a gerência pense duas vezes antes de continuar.

6

O cronograma de trabalho

Colocando os bois na frente da carroça

Principais tópicos abordados neste capítulo

- *Os passos para a preparação do cronograma*
- *A verificação de gargalos*
- *O uso dos gráficos Gantt e PERT*
- *O caminho crítico*

ronogramas são importantes. Os gerentes de projetos os usam como mecanismo para sequenciar e controlar as atividades. Os executivos os usam como parâmetros para avaliar o desempenho. Sem eles, os projetos podem durar meses e meses, consumindo recursos e desperdiçando oportunidades.

Este capítulo introduz um processo prático para a criação de um cronograma viável e realista para seu projeto. Esse processo tem quatro etapas:

1. Identificação e definição das tarefas e subtarefas pelo método da estrutura analítica do projeto.

2. Exame da relação entre as tarefas.

3. Criação de um esboço de cronograma.

4. Otimização do cronograma.

Uma vez que já abordamos a primeira etapa, vamos examinar cada uma das outras.

Exame da relação entre as tarefas

Muitas tarefas são relacionadas de alguma maneira e portanto devem ser realizadas em uma determinada sequência. Considere a maneira como você normalmente age para desfrutar de uma garrafa de cerveja gelada em um dia quente de verão. Três tarefas costumam estar envolvidas: abrir a garrafa, servir a cerveja da garrafa em um copo e consumir a cerveja. Aaaah! Há uma relação de dependência entre essas três atividades. Obviamente não podemos fazer a Etapa 2 antes de concluirmos a Etapa 1, e não podemos realizar a Etapa 3 antes que a 1 e a 2 estejam concluídas. Se o tempo for problema, podemos eliminar a Etapa 2, bebendo direto da garrafa. Mas a Etapa 1 continuaria a anteceder a 3.

Muitas atividades no local de trabalho são igualmente dependentes de outras atividades. Lembra-se do projeto de veículo que apresentamos — aquele em que a ABC Auto Company planeja criar um novo carro de passeio? Essa equipe de projeto deve projetar e testar seu novo veículo. Mas antes que a equipe possa testar o carro ele deve ser construído, e seus componentes externos e internos, testados. A Figura 6.1 mapeia a relação necessária entre essas atividades. Aqui o projeto deve projetar o veículo, construir e testar os componentes internos e externos e testar o veículo construído com esses componentes. Graças às dependências, essas tarefas devem ser programadas de forma linear. Porém observe na figura que a construção e o teste de componentes podem seguir simultaneamente duas vias paralelas — uma para os componentes externos e outra para os internos. Por quê? Porque cada um dos grupos de atividades depende do projeto do veículo, e não um do outro. Reconhecer oportunidades de trabalhar em diferentes atividades em paralelo, como nesse exemplo, é uma das maneiras de reduzir o tempo geral dos projetos.

FIGURA 6.1
Relações entre tarefas

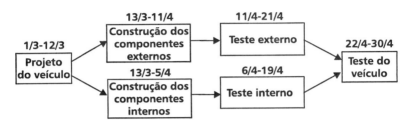

Fonte: Harvard ManageMentor® sobre Gerenciamento de Projeto (Boston: Harvard Business School Publishing, 2002). Reproduzido com permissão.

Dependências diferentes

Em alguns casos, as tarefas têm uma relação logicamente linear, *do começo ao fim*. Uma tarefa deve ser concluída antes que outra comece, como descrevemos a seguir:

Projetar componente — Construir componente — Testar componente

Outras tarefas têm uma relação de *defasagem*. Aqui, uma tarefa deve esperar o início e a conclusão parcial de outra, como mostramos a seguir. Para exemplificar uma relação de defasagem entre tarefas, considere o desenvolvimento de um novo sistema de computação. Os produtores do software esperam até que parte do hardware esteja pronto, mas não todo ele. Depois desse ponto, grande parte do trabalho pode ser feita em paralelo.

Desenvolvimento do hardware
Desenvolvimento do software

O cronograma de trabalho   107

Depois que a equipe de projeto avaliou as relações entre as tarefas, pode diagramá-las em um quadro branco ou, melhor ainda, em post-its com os nomes das tarefas distintas e organizá-las na ordem correta em uma grande parede. O uso de post-it é a melhor opção porque torna fácil fazer modificações. Depois de algum brainstorming e a transferência dos bilhetes de um lado para outro, a equipe de projeto por fim ficará satisfeita com a organização das dependências.

Criação de um esboço do cronograma

Nessa altura, o gerente e a equipe de projeto têm todas as informações que precisam para criar um esboço do cronograma: uma lista de tarefas, uma estimativa da duração de cada tarefa e o conhecimento das relações entre tarefas. Usamos o termo esboço porque o cronograma terá de ser refinado depois que todos tiverem a oportunidade de analisá-lo. O cronograma em si deve

- indicar as datas de início e término de todas as atividades,

- reconhecer a estimativa de duração de todas as tarefas e

- reconhecer as relações entre tarefas.

Gráficos Gantt

Muitos gerentes usam um gráfico Gantt para programar o trabalho. A Figura 6.2 representa um gráfico Gantt para o projeto Phoenix, apresentado anteriormente. Lembre-se de que a meta do projeto era instalar novos servidores, prepará-los para operar em um novo centro de dados. Como você pode ver, o gráfico Gantt do projeto Phoenix é constituído de barras, tendo as tarefas relacionadas na coluna da esquerda e ajustadas em blocos de tempo adequados. Esses blocos indicam, com base na relação entre as tarefas, quando uma ativi-

Gerenciando projetos grandes e pequenos

dade deve começar e terminar. Esse tipo de diagrama pode ser criado usando uma planilha eletrônica ou um software de gerenciamento de projeto, como o Microsoft Project. Os criadores do cronograma podem usar diferentes cores para indicar que membros de equipe são responsáveis por cada bloco.

Os gráficos Gantt mostram o que se segue:

- Situação do projeto (pelo sombreamento das áreas referentes às tarefas já concluídas)

- Duração estimada do projeto

- Duração estimada das tarefas

- Sequências de tarefas

A popularidade do gráfico Gantt tem origem em sua simplicidade e capacidade de mostrar às pessoas o panorama do projeto numa única olhada. O que o gráfico Gantt não indica são as relações entre as várias tarefas. Assim, quem criar o cronograma deve ter o cuidado a mais de refletir essas relações nos blocos de tempo à medida que insere os itens.

FIGURA 6.2
Gráfico Gantt

Tarefa ou atividade	8/4-14/4	15/4-21/4	22/4-28/4	29/4-5/5	6/5-12/5	13/5-19/5	20/5-26/5
Instalar novos servidores							
Obter equipamento	▓						
Implementar equipamento		▓					
Testar equipamento			▓				
Rodar novo equipamento				▓	▓	▓	
Repetir teste				▓	▓		
Desativar antigo equipamento						▓	
Avaliar processo							▓

Fonte: Harvard ManageMentor® sobre Gerenciamento de Projeto (Boston: Harvard Business School Publishing, 2002), 26. Reproduzido com permissão.

O caminho crítico

Outra informação importante que não aparece no gráfico Gantt é o caminho crítico. Trata-se de um conjunto de tarefas que determinam a duração total do projeto. É a trajetória mais longa do projeto e quaisquer atrasos nesse caminho atrasarão a conclusão de todo o projeto. Neste sentido, não há nenhum tempo de inatividade no caminho crítico. Embora algumas tarefas possam ser alocadas com muito mais flexibilidade, as atividades do caminho crítico estão presas às relações entre as tarefas.

Para identificar o caminho crítico, vamos rever o projeto da ABC Auto Company. Como descrevemos na Figura 6.1, a equipe de projeto fragmentou a tarefa de projetar veículo em várias subtarefas de construção e teste. Dê outra olhada na Figura 6.1. Esse gráfico é chamado de *diagrama de relações*. Ao contrário do gráfico Gantt, ele revela todas as relações de dependência entre as tarefas. Ele também revela o caminho crítico, que neste caso é projeto de veículo, construção de componentes externos, teste externo e teste de veículo. Por que essa progressão de tarefas define o caminho crítico? Porque ela descreve o caminho mais longo no diagrama. O outro caminho no diagrama, que passa pela construção de componentes internos e testes internos, é dois dias mais curto. Os membros da equipe que trabalham nessas atividades podem ultrapassar em dois dias o número de dias orçado e ainda assim não afetar a conclusão programada para o teste de veículo. E o cronograma total do projeto não pode ser encurtado se os membros concluírem as atividades do caminho não crítico antes do tempo. O motivo? As tarefas no caminho crítico determinam a duração total do projeto.

Gráficos PERT

Alguns gerentes usam o PERT como alternativa ao método Gantt para a elaboração do cronograma. PERT significa Performance Evaluation and Review Technique (Técnica de Análise e Avaliação de Desempenho). A Figura 6.3 traz o gráfico PERT para a instalação do servidor do projeto Phoenix descrito no gráfico Gantt (Figura 6.2). Cada tarefa no gráfico PERT é representada por um nó que se conecta com outros nós, ou tarefas, necessárias para a conclusão do projeto. Um gráfico PERT pode ter muitas redes de tarefas paralelas ou interconectadas, para que análises periódicas sejam estimuladas em projetos complexos. Ao contrário do gráfico de Gantt, ele indica todas as relações importantes entre as tarefas e os marcos do projeto. (Observação: as expressões gráfico PERT e diagrama de relações são praticamente sinônimos.)

Que ferramenta de preparação de cronograma é melhor para seus propósitos? O melhor método é aquele com o qual você se sente à vontade e que funciona. Não se iluda usando um método só porque todos usam ou porque é a última moda. Dê uma boa olhada em como você gosta de trabalhar e use o tipo de cronograma que melhor se adaptar a seus hábitos.

Para avaliar qual método pode ser mais adequado, examine o sistema que você usa para acompanhar e programar seu trabalho. Está satisfeito com ele? Se estiver, esse sistema pode ser a maneira de realizar o acompanhamento e a programação de todo o projeto. Mas lembre-se de que a utilidade de um sistema vem de sua capacidade de informar a todos os membros da equipe o que está acontecendo e mantê-los cientes de que fazem parte de um esforço maior.

FIGURA 6.3
Gráfico PERT do projeto Phoenix

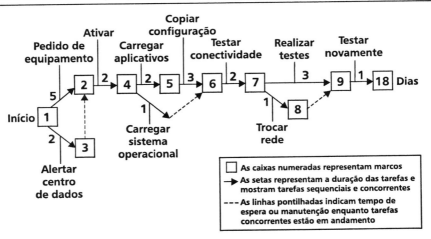

Fonte: Harvard ManageMentor® sobre Gerenciamento de Projeto (Boston: Harvard Business School Publishing, 2002), 25. Reproduzido com permissão.

Dicas para criar um esboço do cronograma do projeto

- Desenvolva uma lista de tarefas específicas.

- Atribua um produto a cada atividade — por exemplo, um protótipo para teste de mercado.

- Use os produtos como base para a criação de um cronograma de projeto com marcos realísticos e prazos definidos.

- Identifique *gargalos* que acrescentam o tempo ao cronograma.

- Determine maneiras de eliminar ou contornar os gargalos.

- Estabeleça um protocolo para atualizar e revisar o cronograma.

- Mantenha todos os interessados envolvidos e informados sobre o progresso do projeto e sobre todas as modificações no cronograma.

Otimização do cronograma

O último passo na preparação do cronograma é a otimização. Aqui, o gerente e a equipe de projeto dão uma olhada bastante crítica no esboço do cronograma e procuram maneiras de melhorá-lo, isto é, fazer com que seja preciso, realista, eficaz e rápido. Como um escritor que procura maneiras de eliminar palavras desnecessárias em suas frases e acrescenta as transições necessárias, o gerente de projeto deve procurar pelo que se segue:

- **Erros.** Todos os intervalos de tempo estimados são realistas? Preste atenção particular à estimativa de tempo para tarefas no caminho crítico. Se qualquer uma dessas tarefas não for concluída no prazo, todo o cronograma perderá o valor. Além disso, analise a relação entre as tarefas. Seu cronograma reflete o fato de que algumas tarefas podem ter de começar simultaneamente e que outras só poderão começar após a conclusão total ou parcial de outras?

- **Omissões.** Alguma tarefa ou subtarefa ficou fora da estrutura analítica do projeto? O tempo para treinamentos e manutenção foi desprezado no cronograma?

- **Excesso de trabalho.** Uma análise pode revelar que alguns funcionários teriam de trabalhar de 10 a 12 horas por dia durante vários meses para concluir as tarefas que lhes foram designadas no cronograma. Da mesma forma, um equipamento pode ter sido previsto no cronograma para produzir além de sua capacidade. Se você encontrar esses exageros, distribua parte da carga com os outros.

- **Gargalos.** Um gargalo é qualquer tarefa que provoque o acúmulo de trabalho. Pense em uma linha de montagem de automóveis que precisa parar periodicamente porque as pessoas que instalam os assentos não conseguem acompanhar o ritmo. O jeito usual de lidar com essa situação é melhorar o processo de trabalho dessa tarefa (isto é, acelerá-lo) ou transferir recursos para ela, por exemplo, acrescentando mais profissionais ou uma maquinaria melhor.

- **Desequilíbrios na carga de trabalho.** Uma análise de cronograma pode indicar que alguns membros da equipe estão sendo solicitados a realizar mais do que sua parte do trabalho, enquanto outros são solicitados a fazer muito pouco. Equilibrar a carga de trabalho pode reduzir o cronograma geral.

- **Oportunidades de reduzir o cronograma.** Como as tarefas no caminho crítico definem a duração de todo o projeto, examine-as cuidadosamente. Você pode encurtá-las transferindo mais recursos, como na questão do gargalo. É possível retirar esses recursos de tarefas do caminho não crítico. Por exemplo, se você tem quatro pessoas trabalhando em uma tarefa que tem um tempo de inatividade de quatro a cinco dias, transfira parte ou todas as pessoas para uma tarefa do caminho crítico por vários dias.

Uso de software de cronograma

Existem vários pacotes de software para ajudá-lo a desenvolver e gerenciar seu cronograma. Para deduzir qual software é o melhor para o seu caso, consiga recomendações de usuários. Depois verifique os hábitos de trabalho destes usuários e compare-os com os seus para saber se o software é adequado. Se não estiver familiarizado com o software, reserve tempo em sua agenda pessoal para estudá-lo. O domínio pode depender de você ter tido treinamento confiável e suporte técnico para o programa.

O software é uma ótima ferramenta quando você sabe como utilizar a maior parte dele. Pode monitorar os intervalos de tempo e as tarefas; produzir gráficos de cronograma claros e atraentes, e assim por diante. É útil, mas não é infalível. Ele não checa as falhas nas estimativas de tempo nem dependências que você possa ter desprezado quando preparou o cronograma. Assim, analise cada tarefa do cronograma com todo cuidado, acompanhado de outro membro da equipe ou interessado, antes de colocá-lo no software.

Qualquer software de planejamento de projeto que você pretenda usar deve fazer o seguinte:

- Lidar com o desenvolvimento e as mudanças nos gráficos Gantt e diagramas de relações, inclusive os gráficos PERT e cálculos de caminhos críticos.

- Fornecer a visualização das informações na tela antes da impressão.

- Gerar cronogramas e orçamentos.

- Integrar os cronogramas de projeto com um calendário, incluindo fins de semana e feriados.

- Criar diferentes cenários para o planejamento e atualização do contingente.

- Verificar a sobrecarga em pessoas ou grupos.

Resumo

- Depois que todas as tarefas e subtarefas foram identificadas, examine as relações de dependência para saber quais devem seguir uma determinada sequência e quais devem ser feitas em paralelo.

- Um esboço do cronograma inclui as datas de início e término de todas as atividades, reconhece as durações de tarefas e ilustra as dependências entre tarefas.

- Os gráficos Gantt fornecem uma visualização da situação do projeto, a duração estimada do projeto e tarefas, e as sequências de tarefas, mas não refletem as dependências entre as tarefas e o caminho crítico.

- O caminho crítico é a trajetória mais longo de um projeto. Representa a duração total dele.

- Qualquer atraso no caminho crítico descarrilhará todo o projeto.

- O gráfico PERT e os diagramas de relações servem aos mesmos propósitos que o gráfico Gantt, mas indicam também o caminho crítico e todas as dependências entre tarefas importantes.

Ajustes e trade-offs

Mais ajuste fino

Principais tópicos abordados neste capítulo

- *O que fazer quando um projeto não pode atender a todas as expectativas do patrocinador e outros interessados*

- *Pressupostos desafiadores, prazos finais, alocações de recursos e produtos declarados*

- *Reavaliação do cronograma, suas tarefas subjacentes e atribuições de tarefas*

Já vimos como um projeto complexo pode ser fragmentado em um conjunto administrável de tarefas e como essas tarefas podem ser programadas. Essas duas importantes atividades do projeto revelam, por vezes, discrepâncias entre os objetivos declarados no termo de abertura e o que a equipe de projeto pode fornecer — e quando. O exercício de estrutura analítica do projeto, por exemplo, pode revelar que o pessoal da empresa é incapaz de concluir determinadas tarefas. Da mesma forma, a preparação do cronograma pode indicar que o projeto não pode ser terminado no prazo previsto pelos interessados. Diante dessas discrepâncias, o gerente de projeto, o patrocinador e os membros da equipe devem fazer ajustes e trade-offs. Esse capítulo discute várias opções para ajustar um projeto a restrições de tempo e habilidades.

Quando um projeto não se ajusta

Alguns projetos não podem ser concluídos de forma realista dentro do prazo ou do orçamento inicialmente concebidos pelos patrocinadores e principais interessados. A estrutura analítica do projeto e o cronograma trazem à tona esses problemas. Os gerentes de projeto devem enfrentá-los de frente, levando-os à atenção do patrocinador e dos principais interessados. Considere esse exemplo:

Antonia e sua equipe de projeto acabaram de concluir a fase final de otimização da preparação do cronograma. Eles analisaram a estrutura analítica do projeto, acrescentando várias subtarefas que alguém deixara passar no esboço do cronograma. Reavaliaram o tempo previsto para cada tarefa, com atenção particular àquelas do caminho crítico. E fizeram o que puderam para transferir recursos e abreviar o cronograma da forma mais realista possível. Mas não conseguiram fazer com que o cronograma se coadunasse com a data de conclusão esperada pelo patrocinador.

"Temos um grande problema", disse Antonia a sua equipe. "Devemos ter um modelo de pré-produção do novo celular a tempo da feira de negócios MicroCom, a ser inaugurada em Houston em exatamente quarenta semanas. Mas o cronograma que temos nos deixará quase um mês atrasados. Harold não vai gostar disso e Carla vai ficar louca."

Harold era o vice-presidente de tecnologia da empresa e patrocinador do desenvolvimento do projeto; Carla era a vice-presidente de marketing. Antonia lembrou de sua última reunião com Carla. "Esta é uma grande oportunidade para nós", dissera-lhe Carla. "Pode imaginar como as pessoas vão reagir à possibilidade de dar telefonemas de qualquer lugar a qualquer hora sem usar um aparelho de telefone e sem que ninguém ouça o toque do celular? Com um receptor/transmissor do tamanho de uma moeda implantado sob a clavícula, elas vão poder ouvir e falar sem usar as mãos, enquanto andam pela rua, nadam na piscina ou estão sentadas em uma sala de cinema."

Antonia teria de falar com Carla e Harold que sua equipe de projeto não conseguiria desenvolver e testar um modelo funcional do telefone implantável a tempo para a sumamente importante feira de negócios. O que mais poderia ela fazer?

A situação de Antonia não é rara. Ideias para projetos surgem de muitas formas: sessões de brainstorming da alta gerência, descobertas acidentais no laboratório, a emergência de uma ameaça de mercado e assim por diante. Cada uma dessas fontes gera um chamado à ação. Os executivos que patrocinam projetos são orientados para a ação por natureza. Eles dão ordens e esperam que seus subordinados as cumpram. O planejamento cuidadoso que se segue (a estrutura analítica do projeto e a preparação do cronograma), porém, pode revelar contradições que os executivos podem ter deixado passar. O que os patrocinadores e outros importantes interessados esperam nem sempre pode ser realizado nos termos que eles impuseram inicialmente — apesar do esforço dos membros da equipe para que isso aconteça.

Sob tais circunstâncias, o que pode ser feito? No exemplo que acabamos de descrever, o que Antonia deve dizer a Harold, o patrocinador, e a Carla, uma importante interessada?

Conteste os pressupostos

Muitos projetos são fundamentados em pressupostos. Há 1 milhão de dólares disponíveis para concluir o projeto — e nada mais do que isso. O número de pessoas no projeto deve ser limitado a 25. O projeto deve ser concluído até 30 de março do ano seguinte. O novo produto não deve ter mais de 15 x 10 x 4 cm.

De onde vêm esses números e especificações? Alguns podem vir de alguém que não raciocinou muito — sem ter refletido cuidadosamente, medido ou calculado o produto. Certamente nem o patrocinador nem nenhum dos principais interessados chegam a estes números através da estrutura analítica do projeto e de exercícios cuidadosos de preparação de cronograma, tais como demonstrados anteriormente. Vamos refletir sobre os principais pressupostos.

O prazo final

Considere a data limite de Carla para o modelo funcional do celular. Para Carla, ele deve estar disponível a tempo para a grande feira de negócios em Houston. Mas, se isso não acontecer, esse novo produto inovador fracassaria ou sua perspectiva comercial diminuiria? Ficariam menos receptivos os principais clientes que ouvirem falar do novo dispositivo dois meses após a feira de negócios em Houston ou o verem demonstrado pela internet? A feira MicroCom é a *única* maneira de apresentar esse produto ao público? Essas perguntas devem ser respondidas. Há uma possibilidade de que a suposição de Carla não tenha sido testada ou esteja errada.

Recursos disponíveis

Um termo de abertura de projeto deve declarar os recursos disponíveis para o trabalho. No entanto, diante de um problema como o de Antonia e da importância do resultado, o gerente de projeto, o patrocinador e os interessados devem discutir a possibilidade de suplementar a equipe e o financiamento originalmente distribuídos entre outras decisões. Dar mais recursos ao projeto pode alinhar o cronograma com as exigências dos interessados. Por exemplo, se o pessoal de vendas e marketing da equipe de Carla precisa ter o novo dispositivo na feira de negócios, então essas táticas podem ser consideradas:

- Designar mais funcionários para o projeto, em particular para tarefas do caminho crítico.

- Terceirizar uma ou mais tarefas a vendedores e fornecedores qualificados.

- Comprar, em vez de construir, componentes cujo desenvolvimento aumentará o tempo do cronograma.

Aqui, os agentes de decisão estão diante de um trade-off: transferir recursos de uma atividade para outra. Eles devem considerar a situação e determinar se a troca de um valor por outro produzirá um resultado geral melhor.

Enfrentar trade-offs é um dos desafios mais comuns e importantes do gerenciamento de projetos — uma tarefa que muitos gerentes não dominam. Muitos interessados, como Carla, e patrocinadores como Harold, exigem que suas solicitações impossíveis sejam cumpridas e ficam decepcionados quando os gerentes de projeto não conseguem. Quando estes lhes dizem: "Dados o tempo e os recursos disponíveis, posso fazer X ou Y. O que você prefere?" Os interessados respondem: "As duas coisas." Quando não consegue fazer isso, o gerente de projeto leva a culpa.

O melhor antídoto para esse problema é um processo que torna visíveis os trade-offs necessários e envolve os interessados em sua resolução. Na verdade, os interessados *devem* assumir a responsabilidade por estes trade-offs.

Produtos do projeto

A terceira área onde pode ser procurada uma solução para cronograma está relacionada aos produtos declarados no termo de abertura do projeto. Esses produtos podem ser finalizados (por exemplo, uma ponte pronta para receber o trânsito de veículos), podem ser planos prontos para implementação (por exemplo, um plano de marketing completo para o ano seguinte) ou, como no caso do celular, um protótipo funcional. Qualquer que venha a ser o produto, suas especificações podem ser negociadas até certo ponto, especialmente se o patrocinador e os principais interessados não podem ou não consentirão em flexibilizar o prazo final, nem colaborarão com mais recursos.

Evidentemente, a possibilidade e a maneira como as especificações podem ser alteradas são determinadas inteiramente pela situação. No caso do celular, Antonia falou com Harold e Carla sobre as exigências que eles fizeram para o modelo de pré-produção que Carla insiste que esteja pronto em quarenta semanas.

> *"Minha equipe revisou o cronograma", disse Antonia, "e acreditamos que podemos ter o celular implantável pronto para a feira de negócios de Houston. Porém, para fazer isso, teremos de flexibilizar uma das especificações que nos deram no termo de abertura."*
>
> *"Qual delas?", perguntou Harold.*
>
> *"As capacidades de switching do microprocessador", respondeu ela. "Podemos reduzir todo o cronograma do projeto em cinco semanas se vocês estiverem dispostos a usar um modelo funcional que lide apenas com as características mais*

básicas do celular, isto é, um modelo que não use chamada em espera, voice mail e identificador de chamada, mecanismos planejados para o produto final. Essa concessão nos permitiria cumprir o prazo da feira de negócios. Pouparíamos tempo adaptando um microprocessador já existente."

"Isso serviria a seus propósitos?", perguntou Harold a Carla.

"Bem, não é o ideal", respondeu ela. "Não poderíamos demonstrar toda a gama de características do produto em Houston."

"É verdade", interveio Harold, "mas o que chamará a atenção das pessoas — e criará alvoroço — será a capacidade de receber uma chamada simplesmente tocando a clavícula e falando sem usar as mãos. Essa é a verdadeira inovação do produto. É improvável que alguém vá até perguntar sobre as outras características."

"Você deve ter razão", Carla cedeu. "Podemos indicar que as outras características serão incluídas no primeiro modelo lançado."

"Que bom", disse Antonia. "Se vocês aceitam esse produto, vamos cumprir o cronograma."

As discussões que gerentes de projeto, principais interessados e patrocinadores têm em torno das questões que descrevemos requerem que as pessoas estejam dispostas e sejam capazes de estabelecer prioridades. A data de lançamento do produto é a maior prioridade? Ela é secundária em relação ao conjunto das características programadas inicialmente para o produtos? Se são necessários mais recursos para que o projeto dê certo, de que outras atividades eles devem ser retirados? Essas são perguntas as quais os agentes de decisão devem prender-se.

Revise tarefas e prazos

Há uma boa possibilidade de que o ato de desafiar os pressupostos sobre o prazo final, os recursos disponíveis e os produtos finais venha a revelar oportunidades para adaptar o projeto ao cronograma. Em alguns casos, pode ser necessário relaxar mais de uma dessas restrições para obter o ajuste correto. Mas também há uma possibilidade de que nenhuma dessas soluções seja útil — e, nesse caso, a equipe de projeto deve revisar seu trabalho anterior. Isso significa:

- **Reavaliar a estrutura analítica do projeto (WBS).** Cada uma das tarefas e subtarefas listadas na WBS é necessária? Livre-se de qualquer uma que não o seja, desde que sua eliminação não venha a colocar em risco o projeto. Os prazos estimados para a conclusão dessas tarefas são realistas ou alguns foram esticados? Se qualquer um foi superestimado, torne-o mais realista.

- **Reavalie sua atribuição inicial de tarefas.** Os atuais responsáveis por cada tarefa são as melhores opções possíveis? Se não o forem, procure recrutar indivíduos que possam fazer esse trabalho melhor e mais rápido. Isso pode deixar alguns funcionários arrepiados, mas pode ser necessário para que seu projeto seja concluído de acordo com o cronograma. A influência organizacional do patrocinador pode ser fundamental na obtenção dos serviços desses indivíduos de alto desempenho. A intervenção do patrocinador é necessária quando os gerentes resistem a qualquer tentativa de afastar seus melhores funcionários de seus deveres regulares.

- **Redirecione os recursos para conseguir o maior desempenho possível.** Qualquer um de seus melhores funcionários ou outros recursos estão presos a atividades que não estão no caminho crítico? Se estiverem, faça algumas transferências bem pensadas. Depois volte a estimar o tempo necessário para concluir as tarefas afetadas. Pode ser que você descubra que essa reprogramação melhorou seu cronograma.

- **Otimize as principais tarefas.** A experiência das empresas com a reengenharia de processos, na década de 1990, demonstrou algo de profunda importância: muitas tarefas podem ser feitas de forma mais rápida e melhor por meio de um reprojeto. A concessão de empréstimos bancários, que antigamente levava dez dias, passou a ser concluída em algumas horas sem nenhuma diminuição na qualidade. Os pedidos dos clientes, que antes levavam vários dias para processamento e embalagem, agora são despachados no mesmo dia. Pode haver oportunidades para fazer o mesmo com as tarefas do caminho crítico de seu projeto. Já examinou essas tarefas sob a perspectiva de um reprojeto?

Teoricamente, essas práticas devem entrar na otimização final da preparação do cronograma. Mas se essa etapa não consegue alinhar o cronograma com as exigências do termo de abertura e se o patrocinador não permite nenhum ajuste, você terá de abordar o trabalho com uma determinação maior.

Resumo

- Se estiver claro que o projeto não poderá produzir os produtos especificados pelo patrocinador nem cumprir o prazo final dado por ele, ataque o problema de frente, debatendo com o patrocinador. Não ignore a situação.

- Revise os principais pressupostos sobre os produtos, as exigências de prazo e os recursos do projeto. Talvez seja possível satisfazer o patrocinador e os interessados fazendo ajustes nesses elementos.

- Revise a estrutura analítica do projeto e sua distribuição inicial de tarefas para identificar etapas desnecessárias e oportunidades para que o trabalho seja feito de maneira mais rápida e melhor.

Administrando o risco

Perscrutando o horizonte nebuloso

Principais tópicos abordados neste capítulo

- *Como identificar e priorizar os riscos para o plano de projeto*
- *Como evitar e minimizar riscos*
- *Planejamento de contingência*

Cada plano de projeto inclui pressupostos — sobre o desempenho das tarefas pelos membros da equipe, o tempo necessário para concluir as principais tarefas, a disponibilidade futura de recursos, a colaboração de aliados e assim por diante. Os riscos espreitam em cada um desses pressupostos. E se os técnicos do laboratório de P&D não conseguirem produzir um protótipo viável? E se um importante membro da equipe ficar um mês hospitalizado — ou sair da empresa? Como o projeto seria afetado se um fornecedor a quem você terceirizou uma importante tarefa ficar um mês atrasado no cronograma? Os gerentes devem lidar com riscos como estes diariamente:

- **Risco de recursos financeiros.** Um gerente de finanças, prevendo uma possível escassez de fluxo de caixa, reduz o risco antecipando o recebimento de créditos futuros, colocando em suspenso todos os gastos não obrigatórios e certificando-se de que uma linha de crédito bancário esteja disponível.

- **Risco de recursos humanos.** Quando informado de que um importante funcionário, Jack, teve entrevistas em outras empresas, seu chefe toma algumas medidas iniciais para encontrar um substituto. "Quem pode preencher a vaga de Jack amanhã, se for necessário?", pergunta-se o chefe.

"Se não houver ninguém preparado, de que treinamento ou experiência nossos melhores candidatos para o cargo precisam para ocupá-lo imediatamente?"

- **Risco de fornecimento.** O gerente de compras de um fabricante de um equipamento original, temeroso de que o fornecimento de um componente fundamental possa ficar extremamente apertado seis meses depois, reduz o risco formando um estoque-tampão.

- **Risco de qualidade.** Uma empreiteira ganha contratos para a construção de muitos prédios. Sabendo por experiência própria que muitos licitantes de baixo custo economizarão para manter o orçamento, o empreiteiro cria especificações de qualidade em cada contrato e monitora seu cumprimento regularmente.

Cada um desses gerentes reconheceu os riscos a suas operações e tomou medidas para mitigá-los. Isto faz parte de seu trabalho. Como gerente de projeto ou participante, você deve agir da mesma maneira.

O que é gestão de risco?

Gestão de risco é a parte do planejamento de projeto que identifica os principais riscos e desenvolve planos para evitá-los e/ou mitigar seus efeitos adversos. Na realidade, existem dois tipos de gestão de risco. A gestão de risco do Tipo 1 pressupõe certo nível de clarividência — espera que seja possível prever desenvolvimentos que possam comprometer o plano ou o cronograma. A gestão de risco do Tipo 2 reconhece que alguns desenvolvimentos adversos não podem ser previstos. Não pode haver plano de contingência neste tipo de gestão de risco. O único remédio é formar um contexto robusto de gerenciamento que seja capaz de lidar com o inesperado — qualquer que seja ele. Esse capítulo se concentra na primeira forma de gestão de risco; o risco de Tipo 2 será desenvolvido mais adiante.

A gestão de risco no tradicional Tipo 1 tem três objetivos essenciais:

1. Identificar e priorizar os riscos ao projeto.

2. Tomar medidas para evitar ou minimizar os principais riscos.

3. Desenvolver planos de contingência para lidar com os possíveis reveses.

Vamos considerar cada uma dessas atividades.

Identificar e priorizar os riscos do projeto

A maneira mais óbvia de lidar com o risco é realizar uma auditoria sistemática de tudo que pode dar errado em seu projeto. Uma auditoria de risco envolve os três passos que se seguem:

1. **Coletar ideias amplamente.** As pessoas têm perspectivas muito diferentes sobre o risco. Algumas preveem perigos que outras deixam passar. Ao falar com muitas pessoas — membros da equipe, profissionais das unidades operacionais ou da equipe corporativa, clientes e fornecedores — você pode colher algumas informações surpreendentes. Por exemplo, um fornecedor pode dizer ao gerente do projeto de desenvolvimento de produto que seu rival está trabalhando em um produto para o mesmo mercado e que parece estar muito mais adiantado do que ele. Há uma boa probabilidade de que o rival vá superá-lo no mercado.

2. **Identificar riscos internos.** A falta de profissionais pode ser uma fonte de risco. Uma demissão relevante, por exemplo, pode provocar o colapso de um projeto. Uma equipe de controle de qualidade mal treinada representa outra fonte de risco interno. Seu trabalho abaixo do padrão pode fazer com que produtos com defeito ou perigosos cheguem aos clientes, resultando em um caro *recall* de produto, em processos judiciais e em um fiasco nas relações públicas.

3. **Identificar riscos externos.** Um risco externo pode aparecer na forma de uma nova tecnologia emergente — uma tecnologia que torne obsoleta sua nova linha de produtos. Uma mudança iminente na regulamentação pode ser um outro risco. Os riscos externos são muitos e, em geral, ocultos. Algumas grandes empresas de tecnologia mantêm pequenas unidades de "serviço secreto empresarial" para identificar essas ameaças.

À medida que realizar sua auditoria de risco, dê uma atenção especial a áreas com o maior potencial de prejudicar seu projeto. Dependendo do caso, essas áreas podem incluir questões de saúde e/ou ambientais, inovações tecnológicas, volatilidade econômica e de mercado ou relações com clientes e fornecedores. Pergunte a si mesmo onde seu projeto é mais vulnerável. Depois considere essas perguntas: quais são as piores coisas que podem dar errado nessas áreas? Quais riscos têm maior probabilidade de vir à tona?

Um método para quantificar o risco

Sua auditoria de risco provavelmente identificará dezenas de riscos para seu projeto. Naturalmente, alguns serão mais perigosos que outros, isto é, seu potencial para levar a prejuízos será maior, assim como a probabilidade de acontecerem. Desta forma, o risco tem dois fatores que você deve considerar: o possível impacto negativo e a probabilidade de ocorrência. Você pode usá-los para priorizar sua lista auditada. Aqui estão quatro passos para analisar os riscos:

1. Faça uma estimativa do impacto negativo de cada risco. Expresse-a de forma monetária. Por exemplo: "O custo de um mês de atraso seria de 25 mil dólares."

2. Atribua uma probabilidade ao risco (de 0 a 100%). Por exemplo: "O risco de um mês de atraso é de 40%."

> 3. Multiplique o impacto monetário pela probabilidade. Exemplo: U$ 25.000 x 0,40 = U$ 10.000. As estatísticas determinam isso como valor esperado. Na realidade, é impacto do dólar ponderado pela probabilidade da ocorrência do risco.
>
> 4. Classifique sua lista de acordo com o custo de cada risco.
>
> Uma lista por ordem de grandeza lhe dará uma percepção mais clara dos riscos que você enfrenta.

Tomar medidas para evitar ou minimizar os riscos

Depois de ter analisado sua situação e identificado os principais riscos, você estará em condições de fazer alguma coisa a respeito deles. Nos casos mais drásticos, você pode alterar o escopo do projeto para evitar riscos que a organização não esteja preparada para enfrentar. Por exemplo, um fabricante de salsichas, temeroso de uma contaminação bacteriana em algum ponto da produção ou distribuição, pode decidir produzir somente carnes pré-cozidas e assepticamente embaladas. Em outro caso, o gerente de projeto pode tomar medidas positivas para evitar que os riscos se transformem em crises agudas. Por exemplo, se você estiver preocupado com a possibilidade de que Brenda, uma importante integrante do projeto, deixe a empresa, aqui estão algumas formas de eliminar o risco ou minimizar suas consequências:

- Assevere-se de que Brenda tenha uma carreira visível e atraente pela frente se continuar na empresa.

- Prepare outros funcionários para preencher a vaga de Brenda na eventualidade de ela ir embora.

Administrando o risco

- Não dê a Brenda a responsabilidade por tarefas importantes demais; em vez disso, distribua tarefas importantes entre vários membros da equipe de projeto. Desse modo, você diversificará seu risco.

Outros riscos identificados em sua análise podem ser minimizados por meio de um planejamento cuidadoso. Por exemplo, se as exigências do cliente para determinado aspecto do novo produto mudam muito, você pode minimizar o risco através do planejamento do projeto. Considere este caso:

A Gizmo Ergonomics Company lançou um projeto para criar uma nova cadeira de escritório de luxo. A equipe de projeto está confiante de que todas as exigências dos clientes, exceto uma, reveladas por intensa pesquisa, continuarão válidas por dois anos, quando o produto será apresentado no mercado. Essa única exigência duvidosa é a cor. "Em um ano todo mundo quer preto ou cinza", queixou-se o gerente de projeto, "e no outro, marrom. É impossível saber antecipadamente que cor agradará aos clientes."

A decisão da cor é um grande risco para o projeto. O pessoal da Gizmo pode diversificar o risco produzindo sua nova cadeira em quatro ou cinco cores, na esperança de que uma ou duas venham a ser populares quando o produto chegar ao mercado. Mas essa estratégia criaria um problema de estoque dispendioso e ainda não resolveria por completo o risco da cor.

No final, a equipe de projeto eliminou o risco da cor de seu plano de desenvolvimento do produto. Usando uma dica da Benetton, fabricante italiana de vestuário, a equipe projetou o produto e seu processo de fabricação de maneira que a escolha da cor ficasse para a última fase. "Faremos itens para estoque sem tecido nenhum", disse o gerente de fabricação. "Depois que tivermos um pedido, podemos rapidamente instalar a opção de estofamento do cliente. Na realidade, não teremos estoque zerado."

Um brainstorming *das possibilidades*

Sessões de brainstorming que incluam muitas pessoas com diferentes funções e perspectivas são, em geral, a abordagem mais produtiva para identificar riscos e maneiras de minimizar seu impacto. Há um verdadeiro poder nos números, uma vez que nenhuma pessoa isolada pode prever as dezenas de coisas que podem sair errado em um projeto, em especial em um grande projeto. Enquanto estiver fazendo o brainstorming, desenvolva uma lista de riscos sérios e depois una os semelhantes em grupos que possam ser administrados. Procure identificar a base subjacente a esses riscos. Por exemplo, a base de risco para o fabricante de cadeiras de escritório é a escolha de cor do tecido feita pelo cliente. Depois que você entender as origens do risco, estará em melhores condições de livrar-se deles.

Desenvolver planos de contingência para lidar com possíveis reveses

Certos riscos não podem ser evitados. Outros podem ser reduzidos, mas somente em parte. Os planos de contingência devem ser desenvolvidos para esses riscos inevitáveis e incontroláveis. Um *plano de contingência* é um rumo de ação preparado antecipadamente para lidar com um problema em potencial; ele responde a esta pergunta: "Se... acontecer, como poderemos responder de maneira que neutralize ou minimize os danos?" Aqui estão dois exemplos de planos de contingência para projetos:

• A Acme Company deu início a um projeto de dois anos de duração para modernizar suas instalações de produção. A gerência sênior considerava o prazo final de dois anos extremamente importante. Reconhecendo o risco

Administrando o risco

real de que o prazo não pudesse ser cumprido, o patrocinador concordou em criar um fundo de reserva que pudesse ser usado para contratar ajuda externa se o projeto ficasse atrasado em relação ao cronograma. Esse plano de contingência incluía uma análise do progresso mensal e uma previsão de que um atraso de três semanas ou mais no cronograma incitaria a liberação do fundo de reserva. Além disso, dois gerentes foram encarregados da tarefa de identificar pelo menos três vendedores que fossem capazes de ajudar no projeto.

• A TechnoWhiz, Inc., confiava em sua equipe de projeto de softwares para desenvolver uma nova versão de seu conjunto de aplicativos empresariais, que incluísse todos os acessórios e os links diretos com a internet. Sem querer perder a data de lançamento anunciada e o caro planejamento da campanha de marketing, a equipe desenvolveu um plano de contingência para lidar com quaisquer elementos inacabados do programa — e era alta a probabilidade de existir algum. O plano era simples: qualquer característica que não estivesse pronta a tempo do lançamento oficial seria oferecida em data futura a todos os usuários registrados da nova versão através de um pacote adicional para download. A formação da equipe para o desenvolvimento dos elementos do pacote foi planejada antecipadamente, com um orçamento na medida exata do trabalho adicional necessário.

O verdadeiro benefício de um plano de contingência é que ele prepara o projeto e sua empresa para lidar com situações adversas com rapidez e eficácia. Quando chega o problema, os gerentes e membros do projeto podem agir de imediato; eles não têm de passar semanas tentando deduzir o que devem fazer ou como encontrarão fundos para lidar com a nova situação. A questão do que e do como em sua reação estará contida no plano.

Seu projeto identificou os riscos? Ele sabe qual deles tem o maior valor? Desenvolveu planos de contingência para lidar com eles?

Indique um responsável para o gerenciamento de cada risco sério

Assim como cada tarefa no cronograma do projeto precisa ter um responsável, cada risco importante deve ser atribuído a alguém. Essa pessoa deve monitorar o risco designado, soar o alarme se ele parecer estar se transformando de problema potencial em real e se encarregar das consequências.

Resumo

- A gestão de risco identifica os principais riscos e desenvolve planos para evitá-los e/ou mitigar seus efeitos adversos.

- Uma auditoria de risco identifica fatores que podem dar errado.

- As sessões de brainstorming que envolvam muitas pessoas com diferentes funções e perspectivas são em geral a melhor maneira de realizar uma análise do risco.

- Desenvolva planos de contingência para riscos importantes que não podem ser evitados ou reduzidos de forma significativa.

A adaptação do projeto

Como lidar com o que você não pode prever

Principais tópicos abordados nesse capítulo

- *Três fontes imprevisíveis de risco no projeto*
- *Como a inflexibilidade da gerência com orçamentos e prazos finais tem levado a surpresas desastrosas*
- *Um modelo para o gerenciamento adaptativo de projeto — e quando aplicá-lo*

Na guerra, os planos de batalha iniciais desmoronam com as primeiras escaramuças. Os combatentes são obrigados a reagir a movimentos que não foram previstos — ou não puderam ser. Os desafios e oportunidades se revelam à medida que os eventos se desenrolam. Os projetos grandes e complexos — mesmo aqueles que planejamos bem — vivem algo muito semelhante. As exigências dos clientes mudam mesmo enquanto a equipe de projeto está trabalhando para satisfazê-las; a equipe descobre que sua meta é um alvo móvel. Oportunidades imprevistas para fazer algo mais valioso para os clientes são encontradas durante a execução do plano existente. Protótipos de projeto levam a becos sem saída ou revelam a necessidade de maior desenvolvimento. Um dos principais consultores que trabalha com a equipe está se afastando por um mês para atender a outro cliente. Os participantes do projeto aprendem sobre uma nova tecnologia e suas capacidades mesmo enquanto tentam instalá-la.

Cada um desses exemplos é um aspecto que pode não ter sido previsto, independentemente da inteligência ou da preparação dos participantes do projeto inicial. Anteriormente explicamos uma forma tradicional de gestão de risco; incluía riscos que podem ser previstos e abordados por meio de escusas e planos de contingência. Agora estamos preocupados com riscos cuja probabilidade de previsão é menor. Na criação de protótipos, por exemplo, é difícil entender os riscos e possibilidades até que você realmente

A adaptação do projeto

experimente algo. Considere uma importante instalação de tecnologia da informação. Aqui, a equipe de projeto está lidando com uma tecnologia nova e desconhecida, que ainda não domina. Sendo a tecnologia nova, os clientes não estão em condições de articular os produtos que esperam do projeto. O desenrolar do projeto é pontuado por becos sem saída, decepções e descobertas valiosas.

A forma tradicional de gerenciamento de projeto não tem sido particularmente útil para lidar com riscos de difícil previsão. As ferramentas propostas nos capítulos anteriores — estrutura analítica do projeto, estimativa de tempo e métodos de preparação de cronograma — sem dúvida ajudam, em especial quando a equipe do projeto está familiarizada com as tarefas e tecnologias com as quais devem se envolver, e quando os resultados são altamente mensuráveis. Como declarou o escritor e professor da Harvard Business School, Robert Austin: "As metodologias convencionais de gerenciamento de projeto funcionam melhor quando as probabilidades de que o projeto se desenrole como previsto são muito boas, quando há pouco imprevistos que possam acontecer durante o projeto, quando é possível formular reações à contingências antecipadamente. Em outras palavras: quando não acontecem·muitas descobertas genuínas."[1] Ele aponta como exemplo a construção de um prédio, em que, em geral, a gama de possíveis problemas pode ser prevista e as soluções planejadas com antecedência. As ferramentas tradicionais de gerenciamento de projeto, porém, são menos úteis quando a incerteza é grande. Algo mais é necessário: capacidade de adaptação.

Esse capítulo fornece conselhos práticos para lidar com riscos difíceis de prever, isto é, explica como você pode (e deve) estar preparado para se adaptar e aprender enquanto um projeto se desenrola e como os participantes fazem descobertas e encontram problemas e oportunidades que não foram previstas.

Origens do risco imprevisto e suas consequências

Os riscos que os gerentes de projetos não podem prever costumam vir de três fontes:

1. Tecnologias novas e desconhecidas (por exemplo, desenvolvimento e instalação de um software empresarial totalmente novo).

2. Trabalhos que estejam fora da experiência do planejador do projeto e da equipe (por exemplo, uma equipe de projetistas de carrocerias de carros, acostumada a trabalhar com metal, tentar passar para plástico de alto impacto).

3. Magnitude do projeto (por exemplo, uma equipe de arquitetos e construtores que nunca construiu nada com mais de quatro andares projeta uma estrutura de escritórios de cinco andares).

As consequências dos riscos nessas fontes são amplamente sentidas na fase de implantação dos projetos, pois podem ser imensas em termos de custos, atrasos no cronograma e resultados decepcionantes. Por exemplo, os gerentes do famoso projeto da rodovia Big Dig, de Boston, foram obrigados, em 2001, a revelar que o empreendimento estava vários bilhões de dólares acima do orçamento e com um atraso de um ano no cronograma. Em outro exemplo, uma importante empresa de serviços financeiros disse não ter recebido benefício nenhum das centenas de milhões de dólares investidos em um novo sistema de TI; o projeto foi uma perda total.

A adaptação do projeto

Os perigos dos projetos de TI

Devido a sua dependência de novas tecnologias e seu escopo abrangente, que envolve toda a instituição, os projetos de tecnologia da informação são particularmente suscetíveis a riscos imprevistos. Há evidências que sugerem que mais de 50% constituem fracassos completos. Três professores da Harvard Business School descrevem os perigos desta maneira:

Apesar de quarenta anos de experiência acumulada no gerenciamento de projetos de tecnologia de informação (TI), a época dos grandes desastres em importantes projetos de TI não ficou para trás. Por quê? Uma análise desses exemplos e uma preponderância nas pesquisa dos últimos dez anos sugerem três deficiências graves (...) avaliação falha do risco de implantação de um projeto na época em que é financiado; falha em considerar o risco agregado de implantação de um conjunto de projetos; e falha em reconhecer que diferentes projetos requerem diferentes abordagens gerenciais.*

*Lynda M. Applegate, Robert D. Austin e F. Warren McFarlan, *Corporate Information Strategy and Management*, 6 ed (Burr Ridge, IL: McGraw-Hill/Irwin, 2003), 269-270.

Outra consequência da aplicação da disciplina do gerenciamento de projetos tradicional a situações com alto grande incerteza — nos quais é provável que as coisas deem errado — é uma tendência dos participantes a silenciar sobre os problemas. É tão importante manter-se no prazo e no cronograma que algumas pessoas têm medo de revelar a verdade sobre problemas inevitáveis com orçamentos, cronogramas e obstáculos técnicos. Admitir um problema equivale a admitir um fracasso pessoal. Quase ouvimos o patrocinador dizendo: "Vocês concordaram desde o início que podiam fazer o trabalho em seis meses se tivessem um orçamento de 300 mil dólares e uma equipe de cinco pessoas. Então por que o trabalho não foi concluído?"

Não é de surpreender que muitas pessoas simplesmente ignorem seus problemas, na esperança de que uma inovação ou a boa sorte resolvam tudo no final

— e isso quase nunca acontece. Outras esperam que os problemas e suas consequências só sejam revelados muito mais tarde — ou quando não será conhecida sua ligação pessoal com esses problemas. Por exemplo, os desenvolvedores de software podem ficar tentados a tomar atalhos porque é improvável que os gerentes, não especialistas, identifiquem a origem de problemas em sistemas complexos.[2] Em um caso que envolveu um dos três maiores fabricantes de carros dos EUA, o projeto multibilionário de três anos para uma nova plataforma de veículos sofreu uma enorme pressão da alta gerência para ser concluído a tempo. Os engenheiros e projetistas estavam tentando algo que nunca fizeram: criar um carro compacto que pudesse fazer frente àqueles construídos pelos rivais japoneses. À medida que o projeto entrava em seus últimos meses, ficou claro para os membros da equipe que o novo veículo tinha grandes problemas, e no entanto ninguém queria reconhecê-los. A gerência sênior não iria tolerar nenhuma notícia ruim. Assim, o novo veículo foi empurrado de uma fase para outra mantendo todos os seus defeitos. Por exemplo, quando falhou no teste da partida a frio, alguém manipulou os números, dando-lhe uma nota suficiente para passar para a próxima fase. Quando o modelo de pré-produção chegou à pista de testes da empresa, os engenheiros alteraram seu carburador e encheram o tanque com combustível especial; o carro não poderia dar a volta na pista sem essa assistência. A gerência não fazia ideia dos problemas do veículo, que se tornaram arrasadoramente claros depois que ele chegou ao mercado.

Em um caos comparável, este envolvendo um importante fabricante americano, os gerentes de um multimilionário projeto de implementação de TI deliberadamente silenciaram analistas de sistemas que haviam descoberto problemas técnicos substanciais. Os analistas diziam "isso não vai dar certo. O plano precisa mudar". Essas foram as palavras que os gerentes de projeto não queriam que ninguém ouvisse. Afinal, eles tinham um plano que precisava ser executado. No final, sua falha de atenção frente aos alertas dos analistas — e na adaptação do plano à nova realidade — custou milhões à empresa.

Os desastres vividos por essas empresas poderiam ter sido evitados ou mitigados se as pessoas não se prendessem tanto a seus planos. O que acontece quando os projetos de sua organização encontram problemas graves e imprevistos?

A adaptação do projeto

A abordagem do gerenciamento adaptativo

O objetivo de seu projeto ou sua implantação está envolto em incertezas? Ele se baseia em uma nova tecnologia ou material com o qual sua equipe não está familiarizada? As tarefas envolvidas são diferentes de qualquer coisa que sua equipe tenha feito no passado? O projeto é substancialmente maior do que qualquer outro no qual tenha trabalhado?

Se você respondeu sim a uma ou mais dessas perguntas, as ferramentas tradicionais de gerenciamento — estrutura analítica do projeto, estimativas de tempo e métodos de preparação do cronograma — podem não ser ideais. Você pode ter de considerar uma abordagem adaptativa.

Um modelo tradicional de gerenciamento de projeto é basicamente uma progressão linear de atividades: definir e organizar, planejar e fazer o cronograma de trabalho, gerenciar a execução e o fechamento. (Para uma representação gráfica, ver Figura 1.1.) Os ciclos de feedback fornecem oportunidades para aprender a voltar a diferentes componentes do modelo. Mas, no fundo, esse modelo é linear: um modelo que pressupõe intrinsecamente que os planejadores de projeto saibam o que precisa ser feito, quanto custará e quanto tempo levarão para fazê-lo. O modelo tradicional é viável para muitos projetos, se não a maioria deles, mas é menos útil para aqueles com altos níveis de incerteza. Mas o que pode ser usado nesses casos excepcionais?

Em sua pesquisa de grandes projetos para a implantação de TI, Lynda Applegate, Robert Austin e Warren McFarlan descobriram que algumas empresas — notadamente a Cisco Systems e a Tektronix — desfrutaram de sucesso com modelos adaptativos de gerenciamento de projetos que fazem o que se segue:[3]

1. **Abordam as tarefas iterativamente.** Os membros estão envolvidos em pequenas tarefas incrementais. O produto dessas tarefas é avaliado e os ajustes são feitos durante o progresso.

142   Gerenciando projetos grandes e pequenos

2. **Têm ciclos rápidos.** Longos ciclos interferem na abordagem iterativa.

3. **Destacam valores fornecidos precocemente.** Em vez de fornecer o valor no final do projeto, os produtos aparecem mais cedo em partes menores. Isso estimula o feedback e a incorporação do aprendizado nas atividades subsequentes.

4. **Provê o projeto de pessoas capazes de aprender e se adaptarem.** Algumas pessoas aprendem mais rapidamente do que outras e são mais receptivas a mudanças.

5. **Dependem menos de ferramentas de tomada de decisão que pressupõem previsibilidade.** O retorno sobre o investimento, o valor líquido presente e a taxa interna de retorno são ferramentas de decisão úteis, mas somente quando os fluxos de caixa futuros são razoavelmente previsíveis — e este não é o caso de projetos com alto grau de incerteza.

A Cisco se refere a sua abordagem de projeto como "criação rápida e iterativa de protótipo". Aqui, muitas tarefas são vistas como sondas — como experiências de aprendizado para etapas subsequentes. Essa tática é análoga à noção dos "cheap kills" que os profissionais de pesquisa e desenvolvimento usam para hierarquizar as muitas possibilidades rapidamente e a um custo baixo. Quando a solução correta não é evidente, eles fazem vários experimentos simples para separar as opções promissoras das não promissoras. Até os experimentos falhos dão indicações do que pode funcionar. Essa abordagem experimental e adaptativa ao gerenciamento depende de uma equipe de projeto que seja curiosa, receptiva ao aprendizado e ansiosa por colocar em prática o que aprendeu em cada nova etapa.

A adaptação do projeto 143

Criação rápida e iterativa de protótipo — O estilo século XIX

Até onde sabemos, Thomas A. Edison, o ícone da inovação americano, nunca usou as expressões "cheap kills". E ele certamente nunca ouviu a expressão "criação rápida e iterativa de protótipo". Mas ele praticou as duas coisas.

Em 1878, Edison entrou na corrida para desenvolver a primeira lâmpada incandescente prática. Muitos outros já estavam no setor, mas ele acreditou que tinha uma chance de vencer.

Edison sabia — como seus concorrentes — que passar uma corrente elétrica por um fio ou outro filamento condutor o faria brilhar. Ele também sabia que a voltagem mais alta faria o filamento brilhar com mais intensidade, mas que isso também levaria o filamento a se queimar mais rapidamente. Um dos principais desafios, então, era encontrar um material de filamento que brilhasse com intensidade sem se queimar rapidamente.

Que material ele experimentaria? Nem todo planejamento antecipado teria respondido a essa pergunta essencial. Assim, Edison e sua "brigada insone" de assistentes (assim chamada por causa das horas de trabalho exigidas por seu chefe) adotaram o rumo dos cheap kills.

Testaram milhares de filamentos em um vácuo — filamentos feitos de cromo, alumínio, papéis enrolados de várias maneiras e outros materiais. Eles por fim encontraram um material que funcionou bem — um pedaço de fio de algodão carbonizado.

Edison derrotou diversos concorrentes ao patentear seu material, e sua prática em fazer *cheap kills*, ou criação rápida e iterativa de protótipos, se preferir, tornou isso possível.

Fonte: Adaptado com permissão de James M. Utterback, *Mastering the Dynamics of Innovation* (Boston: Harvard Business School Publishing, 1994), 58-62.

A abordagem adaptativa aponta para um novo papel dos patrocinadores de projeto. No modelo tradicional, o patrocinar diz: "É isso que eu quero. Façam e darei a seu projeto um orçamento de 2 milhões de dólares e 18 profissionais". Escrevendo na seção Next Wave da *Science*, Robert Austin sugere uma abordagem diferente, que se amolda mais estreitamente à abordagem utilizada pelos capitalistas de risco (CR). Estes, observa ele, não dão aos empreendedores uma grande pilha de dinheiro no início de seu trabalho. Em vez disso, os CR investem à medida que seus parceiros empreendedores produzem resultados.[4] Por exemplo, se o empreendedor tem uma empresa de software iniciante com um plano para desenvolver um aplicativo inovador, o CR só dará dinheiro suficiente para o projeto avançar até o nível seguinte. Se o empreendedor tiver sucesso neste nível, o CR analisará o progresso e as expectativas de desenvolvimento para o passo seguinte. Aqui, os resultados da fase recém-concluída darão novas informações ao CR, que financiará o passo seguinte se as perspectivas forem favoráveis.

Os capitalistas de risco adiantam dinheiro para sondar e procurar feedback, isso é, para adquirir informações, aprender e reduzir a incerteza. Cada investimento lhes dá uma opção de continuar no jogo — se houver jogo! Na realidade, o financiador paga para garantir sua opção de fazer mais.

Nesse modelo adaptativo, as principais atividades de projeto avançam por uma série de experiências de aprendizado, representadas graficamente na Figura 9.1.

FIGURA 9.1
O modelo adaptativo de gerenciamento de projeto

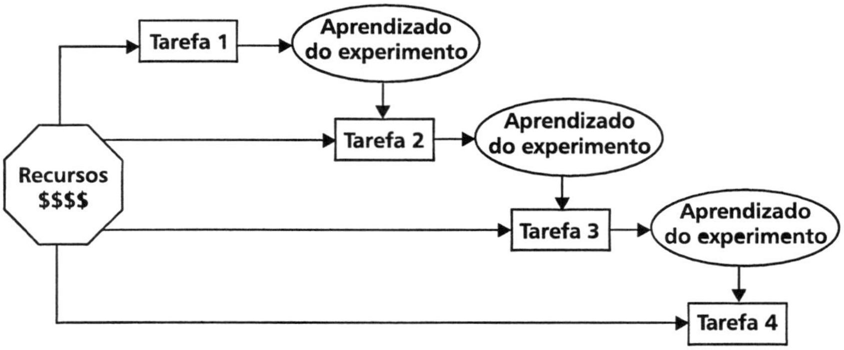

A adaptação do projeto 145

O modelo adaptativo não se aplica a todo projeto, mas é recomendado quando é alto o nível de incerteza no planejamento ou na execução, isto é, quando o projeto enfrenta riscos que não podem ser previstos ou quando a gama de possíveis resultados é muito ampla. Como é a incerteza em seu projeto atual? Sua empresa está pronta para essa abordagem adaptativa? E você?

Resumo

- O modelo tradicional de projeto não é particularmente adaptativo quando é alto o nível de riscos imprevisíveis.

- Os riscos imprevisíveis em geral têm três origens principais: tecnologias novas e desconhecidas; um novo tipo de trabalho, ou uma magnitude de projeto que é substancialmente maior àquelas com as quais a equipe tem experiência.

- A insistência na adesão rigorosa a orçamentos e prazos finais pode ser perigosa quando a incerteza é alta; pode fazer com que as pessoas ignorem ou escondam os problemas.

- O modelo adaptativo de gerenciamento de projeto estimula as pessoas a fazerem o que se segue: envolver-se em pequenas tarefas incrementais, avaliar seus resultados e fazer ajustes, evitar ciclos longos, destacar o valor dos ganhos precoces, prover os projetos de pessoas qualificadas que sejam capazes de aprender e se adaptar, e depender menos de ferramentas de decisão que pressupõem a previsibilidade.

Começando com o pé direito

As necessidades do projeto a se ter em mente

Principais tópicos abordados neste capítulo

- *A importância da reunião de lançamento do projeto e o que deve ser abordado*

- *Mecanismos integrativos que estimulam a colaboração e os laços de confiança entre os membros da equipe*

- *Normas de comportamento em equipe*

Os projetos que começam com o pé direito têm uma probabilidade maior de sucesso. O planejamento do projeto, um termo de abertura formal, uma estrutura analítica do projeto, a preparação cuidadosa do cronograma e a gestão de risco fazem parte desse processo. No entanto, existe mais, e isso é abordado aqui.

Depois que a equipe foi formada, o termo de abertura entregue e o cronograma de trabalho preparado, várias coisas importantes devem ser feitas antes que o trabalho comece. Primeiro, o projeto precisa de um lançamento — um evento especial que marque o início oficial das atividades do projeto. Segundo, o gerente de projeto deve se dedicar a questões importantes associadas com o trabalho em equipe. No fundo, gerenciamento de projeto é liderança de equipes. Na verdade, o trabalho em equipes está no cerne de todo projeto. Por fim, devem ser instituídas e comunicadas a todos os participantes as normas de comportamento que possibilitam o trabalho em equipe.

Por que as reuniões de lançamento são importantes?

O lançamento oficial de um projeto representa o primeiro marco, dizendo a todos: "Começamos a jornada juntos: e começamos agora." Se conduzido adequadamente, o lançamento tem um valor simbólico substancial.

Começando com o pé direito 149

A melhor maneira de desencadear o esforço em prol de um projeto é em uma reunião de toda a equipe, com níveis apropriados de gravidade e diversão. Muita discussão e planejamento terão sido suportados antes da reunião de lançamento, envolvendo o gerente de projeto, o patrocinador e cada membro da equipe. Mas esses encontros informais não substituem a reunião a qual comparecem todos os membros, o patrocinador, os principais interessados e, se adequado, o mais alto escalão oficial da organização.

A presença física nessa reunião tem grande importância psicológica, em particular para equipes geograficamente dispersas, cujos membros podem ter poucas oportunidades futuras de se reunir. Estar juntos no início de sua longa jornada e se conhecerem pessoalmente ajudará a desenvolver o compromisso e sustentará em cada participante o senso de que essa equipe de projeto é importante. É difícil imaginar alguém se sentindo parte de um grupo com metas comuns sem que, a certa altura, esteja na presença física dos colegas. Se algumas pessoas não puderem comparecer à reunião de lançamento devido à localização geográfica, todo o esforço deve ser feito para que tenham uma presença virtual por videoconferência ou, no mínimo, por viva-voz.

A presença do patrocinador na reunião de lançamento é imperativa. Sua presença e seu comportamento dizem muito sobre a importância atribuída à missão do projeto — ou sobre a falta dela. Como escrevem os especialistas Jon Katzenbach e Douglas Smith:

Quando possíveis equipes se reúnem pela primeira vez, todos monitoram os sinais dados pelos outros para confirmar, suspender ou espalhar pressupostos e preocupações. Eles dão particular atenção àqueles que têm autoridade; o líder da equipe e quaisquer executivos que tenham criado, supervisionem ou tenham outra influência sobre a equipe. E, como sempre, o que esses líderes fazem é mais importante do que dizem. Se um executivo sênior deixa a equipe para atender a um telefonema dez minutos após o início da sessão e não volta, as pessoas entendem o recado.[1]

Aqui estão tarefas que devem ser seu objetivo na reunião de lançamento de seu projeto:

- Seja muito claro sobre quem pertence à equipe de projeto. Cumprimente cada profissional pelo nome se o grupo não for grande demais. Pode haver membros essenciais e periféricos, que participam por um tempo ou de forma limitada. Mas todos são membros. Não tolere nenhuma ambiguidade a esta altura. Receba na reunião de lançamento todos os que irão contribuir para o projeto.

- Explique o termo de abertura do projeto e seu conteúdo. O patrocinador ou o gerente deve explicar a meta, os produtos e os prazos documentados no termo de abertura.

- Procure obter uma compreensão unânime do termo de abertura. Só porque os membros da liderança explicam a meta, os produtos e assim por diante, não quer dizer que todos na equipe os interpretarão da mesma maneira. Envolva as pessoas na discussão sobre o termo de abertura com o intuito de alcançar concordância e consenso.

- O patrocinador deve explicar *por que* o projeto é importante e *como* suas metas são alinhadas aos objetivos maiores da organização. As pessoas precisam saber que fazem parte de algo com consequências importantes para si mesmas e para a organização; caso contrário, não darão o máximo de si. Essa discussão deve ter como objetivo satisfazer essa necessidade.

- Descreva os recursos disponíveis para o pessoal da equipe e para aqueles com quem os membros devem interagir. Esse grupo pode incluir outros funcionários da empresa ou de parceiras aliadas, fornecedores e clientes.

- Descreva os incentivos à equipe. O que, além da remuneração normal, os membros receberão se as metas da equipe forem cumpridas ou superadas?

- Faça as apresentações. A não ser que as pessoas já estejam familiarizadas com as outras e suas habilidades específicas, use a reunião de lançamento como oportunidade para apresentações pessoais. Se o grupo tem um tamanho razoável, peça aos participantes para se apresentarem, dizerem alguma coisa sobre sua formação e expertise, e explicarem a contribuição que pretendem dar ao projeto.

No final da reunião de lançamento, as pessoas devem ter um senso claro de direção, da importância da meta da equipe para a empresa, como o sucesso será medido e como serão recompensadas por seus esforços. Elas devem saber quem está na equipe e como cada um é capaz de contribuir e devem começar a pensar em si mesmas como membros de uma equipe de verdade. Um senso de participação e contribuição a uma meta comum só pode se desenvolver com o tempo e com a experiência partilhada. Todavia as sementes devem ser plantadas na reunião de lançamento.

Crie mecanismos de integração

Atirar simplesmente as pessoas em uma reunião de lançamento, dar-lhes metas coletivas e distribuir camisetas gratuitas com o nome e a logo da equipe cria apenas uma equipe no nome. As equipes eficazes são criadas por meio de atividades de colaboração: trabalho conjunto, compartilhamento de ideias, o toma lá dá cá que costuma cercar decisões importantes e a troca de informações. Um gerente de projeto pode facilitar essas atividades de formação de equipe usando mecanismos de integração.

Esses mecanismos incluem reuniões regulares, links de comunicação, como boletins e sites do projeto, e a presença física dos membros da equipe. Eventos sociais fora da empresa podem também ser uma estratégia eficaz que cria identificação da equipe e coesão do grupo. Cada um desses mecanismos, na realidade, estimula as pessoas a conversar, entenderem-se mutuamente no nível pessoal, dividir ideias, analisar e criticar estratégias alternativas e formar vínculos de confiança e amizade que tornam o trabalho em equipe estimulante e producente.

Que mecanismos de integração seu projeto está utilizando?

Estabeleça normas de comportamento

Não se pode transformar uma reunião de indivíduos em uma equipe de projeto eficaz da noite para o dia. As pessoas vêm para o trabalho com preocupações pessoais. Muitos veem os novos colegas como concorrentes em promoções, reconhecimento e recompensas. Outros ainda podem ter rancor pessoal contra uma pessoa ou mais com as quais se desentenderam. E sempre há uma pessoa ou duas que não têm as habilidades sociais necessárias para o trabalho em grupo.

As preocupações pessoais, a competição interna, os rancores e as fracas habilidades sociais estão presentes, em certo grau, em qualquer equipe; podem solapar a eficácia do projeto se não forem contidas ou neutralizadas. A diversidade de especialidades e estilos de trabalho que você provavelmente trouxe para a equipe com grande esforço também pode dificultar a colaboração. Os técnicos especialistas, por exemplo, podem fazer uso de um jargão desconhecido, e isso os isola dos colegas. E as pessoas costumam desconfiar do que não conhecem.

Uma das melhores maneiras de gerenciar tais problemas é fixar normas claras de comportamento válidas para todos. Como descreveram Jon Katzenbach e Douglas Smith, autores de *The Wisdom of Teams*, um livro popular sobre trabalho em equipe, as regras mais críticas são pertinentes a:

- **Comparecimento.** Os membros e líderes devem entender que a equipe não pode tomar decisões e realizar seu trabalho se as pessoas não comparecem às reuniões ou sessões de trabalho conjunto. Se você for líder, as pessoas seguirão seu exemplo, Portanto, se for cronicamente atrasado ou ausente, elas imitarão seu comportamento.

- **Interrupções.** Decida desligar os celulares durante as reuniões e sessões de trabalho. Receber uma ligação durante uma reunião da equipe indica que o telefonema é mas importante do que o trabalho da equipe. Deixe claro também que as pessoas não interromperão as outras durante as reuniões. Todos têm o direito de falar.

Começando com o pé direito 153

- **Nada de vacas sagradas.** Concorde que nenhum problema será tabu. Por exemplo, se uma equipe de reengenharia de processo sabe que uma mudança aborrecerá determinado executivo, seus membros não devem ter medo nem relutar em discutir a questão. Evitar o problema devido às possíveis objeções do executivo indicará que a equipe e seu esforço são inúteis.

- **Crítica construtiva.** A busca da solução para um problema acaba produzindo soluções alternativas. Os defensores de cada solução devem entender que eles têm autonomia para defender sua opinião, mas não podem solapar as dos outros por meio de fraudes ou da omissão de informações relevantes. Os participantes da equipe também devem aprender a exprimir a discordância de forma construtiva.

- **Confidencialidade.** Algumas questões da equipe podem ser sensíveis. Os membros da equipe só discutirão essas questões livremente se tiverem confiança de que o que é dito dentro da equipe ficará ali.

- **Orientação para a ação.** As equipes não são formadas para reuniões e discussões; aquelas que o fazem tornam-se simplesmente grupos de bate-papo que nada realizam. O verdadeiro propósito das equipes é agir e produzir resultados. Deixe isso claro desde o início. Nas palavras de Katzenbach e Smith, em uma equipe orientada para a ação "todos trabalham de verdade" e "todos recebem atribuições e as cumprem".[2]

Quais devem ser as normas de comportamento de seu grupo? Isso depende do propósito do grupo e das personalidades de seus membros. Mas certamente qualquer conjunto eficaz de normas deve ser claro e conciso. Deve também incluir o fundamental: respeito por todos os membros do grupo, o compromisso de ouvir ativamente e uma compreensão sobre como verbalizar as preocupações e lidar com os conflitos.

Para garantir o livre fluxo de ideias, alguns grupos podem querer ir além — por exemplo, deixar explícito que todos têm o direito de discordar de qualquer outro. Podem também adotar diretrizes específicas que

154   Gerenciando projetos grandes e pequenos

- deem apoio à ação em casos de riscos calculados;

- estabeleçam procedimentos sobre o reconhecimento e a abordagem dos fracassos;

- fomentem a expressão individual; e

- estimulem uma atitude alegre.

Quaisquer que sejam as normas adotadas por seu grupo, certifique-se de que todos os membros tenham participação em seu estabelecimento — e que todos concordem com a adesão a elas. A participação e aceitação dos membros evitará muitos problemas futuros. Além disso, esteja ciente de que algumas vezes surgem normas imprevistas, mesmo que as diretrizes sejam explicitamente discutidas no início do projeto. Por exemplo, se alguns egos são feridos durante as reuniões iniciais da equipe, você pode observar uma hostilidade sutil entre os indivíduos ofendidos. Essa hostilidade provavelmente se manifestará por suposições maldosas, críticas, sarcasmo e outros comportamentos contraproducentes. Como líder ou membro de equipe, você deve desestimular essas atitudes e lembrar a todos que as normas esperadas são o respeito mútuo, a discussão aberta e a colaboração.

Resumo

- Lance seu projeto com uma reunião de toda a equipe. Todos devem estar presentes, inclusive o patrocinador. Durante essa reunião, explique o termo de abertura. Destaque a importância das metas da equipe e como se coadunam com as metas maiores da empresa.

- Os mecanismos de integração ajudam a transformar um grupo de indivíduos em uma equipe de verdade. Reuniões agendadas regularmente, links de comunicação, presença física e eventos sociais são mecanismos que você pode usar para estabelecer a identificação da equipe, a coesão do grupo e a colaboração.

- Você pode atenuar as incompatibilidades e extrair o máximo das diferenças criando normas de comportamento e conquistando aceitação destas entre a equipe. Comparecer às reuniões sem atrasos, concluir atribuições no cronograma, ajudar os colegas de equipe quando necessário, ater-se a críticas construtivas e ao respeito pelos diferentes pontos de vista são exemplos de normas de comportamento positivas.

Mantendo-se nos trilhos

Como manter o controle

Principais tópicos abordados neste capítulo

- *O uso de orçamentos, verificações de qualidade e marcos para monitorar e controlar o trabalho*
- *Como extrair o máximo dos conflitos*
- *Como conseguir a colaboração das pessoas*
- *A comunicação do progresso e das possibilidades*
- *Como lidar com os problemas*

uitas preocupações dos gerentes e líderes de projeto já foram enfrentadas pelos gerentes em outras situações: alcançar resultados por intermédio da equipe e demais recursos. Para realizar seus objetivos, os gerentes e líderes devem manter as pessoas motivadas e concentradas nas metas, mediar as relações entre as pessoas do alto escalão e as de cargos mais baixos e tomar decisões. Devem também monitorar e controlar o cumprimento do cronograma, do orçamento e dos padrões de qualidade; lidar com problemas pessoais; e facilitar incansavelmente a comunicação.

Isso parece um grande trabalho — e é! E descreve o que os gerentes de projeto devem fazer durante a terceira fase do ciclo de vida do projeto: gerenciar a execução. Esse capítulo concentra-se nas três principais responsabilidades dos gerentes de projeto nessa fase.

Monitorar e controlar o projeto

Em alguns aspectos, o gerente é análogo ao termostato que monitora e controla a temperatura de uma casa. Pense apenas por um momento em como funciona o termostato. Ele está constantemente medindo a temperatura do prédio. Se a temperatura estiver dentro da amplitude programada, digamos de 21 a 22 graus, está tudo bem e o termostato não faz nada. Só trabalha se a temperatura estiver fora da faixa desejada: estando alta demais, o termostato sinaliza ao sistema de ar condicionado que comece a trabalhar; estando baixa, ele sinaliza que o sistema de aquecimento deve ser ligado. O termostato continua a monitorar a temperatura e, depois que ela volta à faixa desejada, envia outro sinal, para que o sistema de ar condicionado ou calefação parem de trabalhar.

A gerência de uma equipe tem sensores análogos e os usa para monitorar as atividades sob seu controle. Por meio dos orçamentos avalia o ritmo dos gastos em relação aos valores previstos, ao verificar a qualidade do resultado percebe se os processos de trabalho estão funcionando corretamente e utiliza marcos periódicos para garantir a si mesmo que o trabalho está dentro do cronograma. Vamos examinar cada um desses mecanismos de monitoramento e controle.

O orçamento

Os fundamentos para a criação de um orçamento foram apresentados anteriormente. Aqui vamos explicar como você pode usar o orçamento para monitorar as atividades do projeto. O monitoramento é realizado comparando-se com o orçamento os resultados reais de um dado período de tempo. Se a avaliação revelar que os gastos do projeto estão dentro do alvo, com resultados reais que se coadunam com os que eram esperados no orçamento, então não é preciso fazer nenhum ajuste. Porém, se os resultados reais diferirem dos esperados, então, para falar com simplicidade, o gerente de projeto deve tomar uma medida corretiva. Por exemplo, se sua equipe esperava pagar a consultores externos 24 mil dólares em julho, mas você descobre que os pagamentos reais totalizaram 30 mil dólares, é necessário investigar o motivo dessa discrepância e possivelmente corrigir a situação.

A diferença entre os resultados reais e os esperados no orçamento é chamada de *variância*. Uma variância pode ser favorável, quando os resultados reais são melhores do que os esperados — ou desfavorável, quando os resultados reais são piores do que os esperados. Vemos variâncias favoráveis e desfavoráveis na Tabela 11.1.

160 Gerenciando projetos grandes e pequenos

TABELAS 11.1
Relatório mensal de orçamento do projeto: julho

Categorias de gastos do projeto	Resultados reais	Valor orçado	Variância
Suprimentos	U$2.000	U$2.500	+500; favorável
Consultores externos	U$30.000	U$24.000	−6.000 desfavorável
Viagens	U$7.700	U$9.000	+1.300; favorável

Dicas para monitorar orçamentos

Quando monitorar custos reais comparando-os com seu orçamento, observe esses fatores comuns; eles podem estourar seu orçamento:

- Inflação durante projetos de longo prazo.

- Mudanças desfavoráveis nas taxas de câmbio correntes.

- Não conseguir preços fixos de fornecedores e terceirizados.

- Custos não planejados de pessoal, inclusive horas extras, incorridos na manutenção do projeto no cronograma.

- Custos de treinamento não previstos e honorários de consultoria.

Fonte: Harvard ManageMentor® sobre Gerenciamento de Projetos.

O que você deve fazer se o monitoramento detectar variâncias desfavoráveis no orçamento? Uma abordagem é a estratégia da esperança, isto é, esperar que a variância seja simplesmente uma derivação aleatória que não se repetirá no futuro. Nenhum gerente inteligente confiará nessa estratégia. Os gastos excessivos no orçamento de um período, mesmo a um grau moderado, podem ser sintoma de um problema subjacente — um problema que crescerá se não for tratado. Então, quando você vir uma variância significativa no orçamento, investigue. Por que ela ocorreu? Existe a probabilidade de se repetir? Que medidas corretivas são necessárias? Enquanto estiver tratando do problema, não tente fazê-lo sozinho; arregimente as pessoas mais próximas do problema.

Verificações de qualidade

As verificações de qualidade são outra abordagem para manter um projeto nos trilhos. Elas têm um importante papel em todo projeto, assim como nos processos normais de trabalho. Ao fazer a verificação de qualidade, o gerente de projeto examina uma unidade de trabalho em um ponto adequado para garantir que ela esteja atendendo às especificações. Por exemplo, se o projeto é sobre a construção de um novo site de comércio eletrônico, o gerente pode querer testar os componentes do sistema de software à medida que são desenvolvidos para ter certeza de que funcionam de acordo com o plano. Ele não deve esperar até o final do projeto para fazer esse teste. A essa altura, a correção de qualquer trabalho custaria uma quantidade enorme de tempo e dinheiro.

As verificações periódicas de qualidade, como o termostato do prédio, indicam as condições que estão fora das especificações. Depois que esses problemas são identificados, a equipe de projeto pode encontrar a causa e corrigir as fontes dos problemas. Esse tipo de monitoramento e medida corretiva garante que o resultado da tarefa subsequente vá atender aos padrões de qualidade, mantendo o projeto nos trilhos.

Marcos

Os viajantes antigamente usavam pedras gravadas, situadas estrategicamente ao longo da estrada, para avaliar seu progresso. "Cambridge: 27 quilômetros", poderia dizer uma delas. O mundo se refere a isso como marcos. Usamos marcos figurativos para assinalar passagens em nossa vida: a formatura do colégio ou da faculdade, o casamento, a inauguração do próprio negócio, aniversários e assim por diante. Os projetos usam eventos significativos como marcos para lembrar às pessoas até que ponto elas foram e o quanto ainda têm de percorrer. Esses eventos significativos podem ser a conclusão de tarefas-chave no caminho crítico. Aqui estão alguns exemplos:

- A aceitação, pelo patrocinador, de um conjunto de exigências do cliente para um novo serviço.
- O teste bem-sucedido de um protótipo de produto.
- A instalação e o teste bem-sucedidos de um equipamento crítico.
- O fornecimento de componentes finalizados ao estoque.
- E o marco definitivo: a conclusão do projeto.

Os marcos devem ser destacados no cronograma do projeto e usados para monitorar o progresso. Também devem ser usados ocasionalmente para comemorar o progresso, quando há motivo para tal, com um almoço do grupo, uma excursão a um evento esportivo etc.

Estritamente falando, cada tarefa no cronograma representa um marco, mas algumas são mais importantes do que outras. Os marcadores mais significativos têm maior apelo psicológico para os membros da equipe. Use-os para reunir os participantes e compartilhe falas de estímulo, como "Agora vocês estão muito perto de completar as especificações do site. Vamos manter esse ritmo e fazer isso no prazo".

A criação de um sistema de monitoramento/controle adequado

Orçamentos, verificações de qualidade e marcos são dispositivos básicos de monitoramento e controle que se aplicam geralmente a projetos. Mas pode haver outros que se aplicam mais especificamente a sua situação. Você sabe quais são eles? Se não souber, aqui estão alguns conselhos para sua escolha e implementação:

- **Concentre-se no que é importante.** Você precisará perguntar continuamente: o que é importante para a organização? O que estamos tentando fazer? Em que partes do projeto o acompanhamento e controle são mais importantes? Quais são os pontos essenciais em que os mecanismos de controles precisam ser colocados?

- **Incorpore ações corretivas ao sistema.** Seu sistema de controle, como o termostato no nosso exemplo inicial, deve destacar a reação. Se os dados do controle não incitam uma reação, então este sistema é inútil. Seu sistema deve usar as informações para iniciar uma ação corretiva; caso contrário, você estará apenas monitorando e não exercendo controle. Se a qualidade está abaixo do padrão, monte um grupo especial para determinar a causa e corrija o problema. Faça o mesmo se qualquer uma das equipes de projeto se atrasar no cronograma. Tenha o cuidado, porém, de que o controle não incorra em microgestão. Estimule as pessoas mais próximas do problema a fazerem a correção.

- **Destaque as reações oportunas.** As informações precisam ser recebidas rapidamente para que suas reações sejam boas. O ideal é que você queira informações em tempo real. Em muitos casos, contudo, são suficientes as atualizações semanais.

Cuidado com o desvio na missão

Em todo o projeto, fique atento contra o desvio na missão — ceder, de má vontade, à pressão de fazer mais do que foi originalmente planejado. À medida que descobrir como cada interessado define o sucesso, você poderá se sentir pressionado a realizar demais. Não caia na armadilha de tentar resolver problemas que estão além do escopo de seu projeto — mesmo os problemas legítimos ou urgentes que sua empresa precisa tratar. Por exemplo, um projeto organizado para desenvolver e melhorar um sistema de escapamento de automóveis não deve se desviar tentando desenvolver faróis mais eficazes. Essa é uma outra tarefa, que requer um conjunto muito diferente de habilidades. Lembre-se: não há problema em mudar os objetivos do projeto durante o percurso, mas faça isso com muita atenção, e não inconscientemente — e só depois de ter certeza de que todos os seus interessados estão dispostos a concordar com os novos objetivos.

Nenhum sistema de controle isolado é bom para todos os projetos. Um sistema que seja adequado a um grande projeto atolará um pequeno em burocracias, enquanto um sistema que funciona para pequenos projetos não terá vigor suficiente para manter um projeto grande. Assim, descubra o sistema que é mais apropriado para o seu projeto.

Como lidar com problemas de outros

Uma rápida olhada nos livros mais populares de gerenciamento de projetos lhe daria a impressão de que o tema trata principalmente de análise de tarefas, técnicas de medição, métodos de preparação de cronogramas e uso de software para planejar o percurso e manter o rumo. Essa impressão, porém, seria equivocada. Sim, as técnicas propostas neste e em outros livros são muito úteis. Mas as pessoas — em particular as que trabalham em equipes — estão no cerne do trabalho de projeto. Pessoas que trabalham e resolvem problemas juntas, que dividem informações e que aceitam a responsabilidade mútua pelo sucesso ou fracasso são muito mais importantes do que técnicas mecânicas.

As questões pessoais relevantes no trabalho de projeto são extensas e mais bem abordadas em livros e programas de treinamento dedicados ao gerenciamento de equipes. Todavia duas questões pessoais são abordadas aqui: o conflito e a colaboração. Ambos são necessários para manter o projeto nos trilhos.

Controlando conflitos

Um dos problemas pessoais mais espinhosos que os gerentes de projeto enfrentam é o conflito entre membros da equipe. Pessoas trazidas de diferentes partes da empresa para concluir uma missão sempre representam chances de conflito. Ironicamente, uma das características importantes de uma equipe bem estruturada — a diversidade de pensamento, formação e habilidades — é em si uma fonte potencial de conflitos. Por exemplo, os membros da engenharia de uma equipe podem ficar impacientes frente à preocupação do especialista em marketing quanto a recepção dos clientes sobre o novo produto. "Não devíamos ter fixação no que os clientes querem", dizem eles. "Basta fazermos uma 'ratoeira' mais atraente e os clientes vão fazer fila na nossa porta." "Nem tanto", diz o especialista do marketing. "Devemos conhecer melhor as exigências dos clientes antes de avançar." E assim começa o conflito.

Para transformar a força do conflito de negativa em positiva, o gerente de projeto deve estimular os membros a se ouvirem, a se disporem a entender diferentes perspectivas e a questionar objetivamente os pressupostos dos demais. Ao mesmo tempo, o gerente deve evitar que o conflito se torne pessoal ou que fique subjacente, onde fervilha o ressentimento. Aqui estão três medidas para extrair o melhor dos conflitos:

1. **Crie um ambiente que estimule as pessoas a discutir questões difíceis.** O desacordo não produz resultados positivos quando as pessoas deixam de lidar com a origem do conflito. Algumas pessoas chamam essa questão de "o alce na mesa". Ele está ali, mas ninguém quer reconhecer sua presen-

ça ou falar dele. Deixe claro que você *quer* que sejam expostas as questões complicadas e que *qualquer um* pode apontar para o alce.

2. **Facilite a discussão.** Como você lida com um alce depois que ele foi identificado? Use as seguintes diretrizes:

- Primeiro, reconheça o problema, mesmo que só uma pessoa o tenha percebido.

- Reforce as normas do grupo sobre como as pessoas concordaram em se tratar.

- Estimule a pessoa que identificou o alce a ser específica: o que exatamente você vê como problema aqui? Como ele está afetando nosso trabalho de equipe?

- Mantenha o caráter impessoal da discussão. Não atribua culpas. Em vez disso, discuta *o que* está impedindo o progresso, e não *quem*.

- Se o problema envolve o comportamento de alguém, estimule a pessoa que identificou o problema a explicar como esse comportamento o afeta, no lugar de fazer pressupostos sobre a motivação por trás do comportamento. Por exemplo, se alguém não está concluindo o trabalho a tempo, você pode dizer: "Quando seu trabalho é entregue com atraso, nós não conseguimos cumprir nossos prazos", e não "Eu sei que você não está muito animado com este produto, mas isso não pode ser desculpa para estragar nosso cronograma". Do mesmo modo, se alguém chega bastante atrasado para as reuniões de cronograma, não diga: 'O que o faz pensar que é tão importante que pode aparecer tarde nas reuniões?" Em vez disso, experimente algo assim: "Seus atrasos nas reuniões implicam não podermos começar no horário marcado. Isso desperdiça o tempo de cinco ou seis pessoas e nos impede de concluir a pauta de nossas reuniões."

Os membros de equipe devem também saber como dar feedback ao gerente de projeto. Se eles sentirem uma falta de liderança, poderão dizer: "Quando você não nos dá orientação nenhuma, temos que adivinhar o que quer. Se adivinharmos errado, perdemos muito tempo", e não "Parece que você não tem a menor ideia do que devemos fazer nesse projeto". Um bom gerente sabe como receber feedback, mesmo que seja negativo.

3. **Promova o encerramento do conflito discutindo o que pode ser feito.**

- Saia das reuniões com sugestões concretas para melhoria, se não com uma solução para o problema.

- Se o tema é sensível demais e as discussões não estão levando a lugar nenhum, adie sua reunião até uma data específica para que as pessoas possam se acalmar. Ou leve um *facilitador*. Um bom facilitador pode ajudar as partes em conflito a resolver suas diferenças de forma positiva.

Gerando o comportamento de colaboração

A colaboração é a pedra fundamental da eficácia de uma equipe. Ela torna uma equipe maior do que a soma de suas partes. Mas a colaboração nem sempre ocorre naturalmente.

Já assistiu a um jogo de basquete onde um jogador faz um arremesso quase sempre que coloca as mãos na bola? Seus colegas de time passavam a bola sempre que estavam mal posicionados ou marcados de perto pelos adversários. Mas o "fominha" nunca passava, mesmo quando um colega estava a uma distância melhor para o arremesso. Esse é um tipo de comportamento não colaborativo ao qual você precisa estar atento em sua equipe de projeto. Por quê? Porque o comportamento não colaborativo reduz o ritmo do projeto.

Especificamente, verifique se os membros da equipe estão dividindo o trabalho ou se uma pessoa está tentando fazer tudo. Mesmo que essa tenha um

168   Gerenciando projetos grandes e pequenos

desempenho alto, seu comportamento desestimulará a participação dos outros e reduzirá o progresso geral. Observe também se há alguém, inclusive um líder de equipe, que

- pareça estar levando crédito indevido pelas realizações da equipe;
- sempre está pressionando para ter uma parcela maior dos recursos;
- é reservado ou não está disposto a partilhar informações; ou
- transforma as discordâncias sobre metas ou métodos em conflitos pessoais.

A última questão merece uma atenção especial porque a animosidade individual tirará o projeto dos trilhos. De acordo com o especialista em equipes Jeffrey Polzer, o conflito de relacionamentos distrai as pessoas de seu trabalho e as faz reduzir seu compromisso com a equipe e suas metas. "Algumas equipes não conseguem passar por uma reunião sem uma explosão de raiva, uma crítica pública e fortes sentimentos", escreve ele. Quando isso acontece, os membros da equipe podem reagir retirando-se dos debates e tentando preservar seus relacionamentos ao evitar o confronto.[1]

Dicas para conseguir o máximo das pessoas

Se você for gerente de projeto ou líder de equipe, terá mais sucesso para chegar a seus marcos se adotar esses conselhos sobre como lidar com as pessoas:

- Seja seletivo no recrutamento. Traga pessoas que considerem importantes as metas do projeto. Essas pessoas estarão mais predispostas a se concentrar na realização dessas metas do que a pensar nas diferenças que têm com outros membros da equipe.

- Envolva os membros em atividades que eles considerem interessantes e valiosas. Isso também os ajudará a manter o foco nos resultados.

- Reconheça, pública e individualmente, as colaborações dos integrantes. Desse modo, eles se sentirão apreciados, valorizados e integrantes do grupo.

- Reconheça o valor das diferenças e como servem à meta comum. As habilidades singulares e as percepções originais contribuem para o sucesso.

- Crie oportunidades para que os membros se conheçam. Seja em recreações fora do local de trabalho, almoços na sala de equipe ou outras oportunidades, dê às pessoas a chance de se conhecerem pessoalmente. Desse modo, você as ajudará a desprezar estereótipos (como "É difícil trabalhar com esse pessoal de finanças") e encontrar bases para a colaboração.

- Faça as pessoas trabalharem juntas! O trabalho lado a lado pode criar o espírito de equipe.

Se você observar esse tipo de conflito de relacionamento, tome medidas para impedi-lo. Faça o que for necessário para unir as partes em oposição, examinar o conflito de maneira objetiva e procurar uma solução. Se uma ou ambas as partes são teimosas ou ingênuas demais para que atuem juntas, pense em retirar esses indivíduos do projeto.

Observação: o conflito e a colaboração não são os únicos problemas que um gerente deve abordar para manter o projeto nos trilhos. Também pode haver problemas associados à estrutura da equipe, a membros individuais da equipe ou à qualidade do trabalho. Para soluções para esses problemas, ver a Tabela 11.2.

O papel da comunicação

Já exploramos a importância da criação de um plano de comunicação como parte do gerenciamento de projeto. As reuniões, boletins, relatórios e encontros pessoais são mecanismos para a divulgação de informações, partilha de ideias e estímulo ao diálogo produtivo. Eles também ajudam o projeto a se manter nos trilhos.

Para entender como utilizar as comunicações nesse intuito, pense nas informações que diferentes participantes do projeto precisam para realizar suas missões.

- **O patrocinador.** O patrocinador precisa de relatórios periódicos de status ou progresso do gerente de projeto. Esses devem indicar em que ponto o projeto e suas várias iniciativas estão em relação ao cronograma, ao orçamento e às medidas de qualidade. Um relatório por escrito é o meio habitual de comunicar essa informação. (Observação: o Apêndice A no final desse livro contém um relatório simples de progresso de projetos.) O patrocinador também vai querer saber sobre os problemas atuais e previstos, solicitações de mudança e novas oportunidades descobertas durante o desenvolvimento do projeto. As reuniões regulares são a melhor maneira de relatar essas questões. O patrocinador pode usar as reuniões para guiar o gerente e autorizar algumas atividades.

- **O gerente de projeto.** Em um projeto de porte, o gerente deve conferir substancial responsabilidade a um ou mais líderes de equipe. Por exemplo, pode haver um líder encarregado das atividades técnicas, outro das iniciativas de marketing e assim por diante. O gerente de projeto pedirá a esses líderes o mesmo tipo de relatório que ele faria ao patrocinador. Novamente, os relatórios de progresso e as reuniões são usados para partilhar informações, autorizar ações, tomar decisões e manter o projeto nos trilhos.

- **Membros da equipe de projeto.** Os gerentes de projeto e líderes de equipe usam os métodos de comunicações para dirigir e controlar atividades junto aos membros da equipe. Cada membro pode informar à gerência sobre obstáculos, oportunidades recém-descobertas e direcionamentos para os recursos, mas a comunicação deve ser de mão dupla. Os membros da equipe precisam saber o status geral do projeto, quais decisões foram tomadas e irão afetar seu trabalho, e como devem proceder em situações ambíguas. As reuniões em geral são os melhores fóruns para essas trocas de informação.

- **Interessados.** Um sistema sólido de comunicação com os interessados no projeto é igualmente importante. Essas pessoas desejarão atualizações contínuas sobre o status e o progresso do projeto.

Tratando os problemas

Grande parte do trabalho de manter o projeto nos trilhos é lidar com a miríade de problemas que vêm inevitavelmente à tona. Um gerente pede a expansão da missão do projeto. A conclusão de várias tarefas leva mais tempo do que o que se esperava. Dois líderes lutam por recursos, dividindo os membros da equipe em campos hostis. Como moscas varejeiras, problemas como esses podem devorar seu tempo e sua atenção. Como é impossível dar conselhos sobre cada um desses problemas em um livro desse tamanho, incluímos um guia para a solução de problemas na Tabela 11.2.

TABELA 11.2
Guia para a solução de problemas

Problema	Possíveis causas	Impacto potencial	Medida recomendada
Problemas de estrutura da equipe			
Sai um membro da equipe	• Não se entender com os colegas	• O impacto pode ser leve se for possível recrutar uma nova pessoa com as mesmas habilidades • Pode criar uma crise se você não conseguir encontrar uma pessoa com as mesmas habilidades	• Criar reservas para esse e outros cargos • Oferecer treinamento diversificado aos membros da equipe • Usar a oportunidade para trazer uma pessoa com mais know-how • Evitar o problema tendo reservas para as principais funções
Falta de habilidades/ habilidades falhas	• Algumas habilidades desprezadas durante o planejamento • Necessidade de novas habilidades no meio do projeto • A empresa não estava preparada para assumir esse projeto	• O projeto não avançará com a mesma rapidez ou pode empacar	• Ter um membro da equipe treinado na habilidade necessária • Contratar consultores externos que tenham a habilidade necessária
Problemas interpessoais			
Membros inflexíveis na equipe	• As pessoas acham que seu modo de trabalhar é o único válido • Ansiedade em tentar novas abordagens	• Progresso reduzido ou bloqueado	• Indicar sua expectativa de flexibilidade desde o início • Trabalhar individualmente para reduzir a ansiedade no uso de novas abordagens • Procurar por flexibilidade quando recrutar membros
Conflitos dentro da equipe	• Estilos de trabalho e áreas de expertise diferentes • As pessoas não estão preparadas por treinamentos ou experiência para o trabalho em equipe	• Progresso, compromisso com as metas e coesão da equipe serão comprometidos	• Conseguir que as pessoas se concentrem nas metas e soluções do projeto • Formar compromisso com as metas • Desfazer "panelinhas" • Aconselhar ou retirar os agitadores do projeto

Problema	Possíveis causas	Impacto potencial	Medida recomendada
Problemas de produtividade			
Desperdício de tempo em tarefas erradas	• Gerenciamento ruim do tempo • As pessoas não priorizarem tarefas • Gerenciamento fraco	• Tarefas no caminho crítico serão prejudicadas	• O gerente deve deixar claras as prioridades
Baixa qualidade de trabalho	• Padrões de qualidade não compreendidos • Habilidades inadequadas	• Projeto não conseguirá cumprir as expectativas dos interessados • Trabalho a ser refeito, dispendioso e demorado, atrasará o projeto	• Recrutar pessoas que tenham as habilidades necessárias para gerar a qualidade exigida • Aplicar treinamento de habilidades onde for necessário • Os gerentes devem comunicar as expectativas de qualidade desde o início
Esgotamento de membros da equipe	• Responsáveis pelo cronograma sobrecarregaram membros • Fracasso na criação de cargos com variedade suficiente • Fracasso em comunicar a importância das tarefas	• Atrasos de cronograma • Baixa qualidade de trabalho • Moral baixo	• Evitar sobrecarga de pessoas • Comunicar a importância das principais tarefas • Construir variedade e aprendizado nas atribuições de cargo
Problemas de cronograma			
Tarefas atrasadas no cronograma	• Durações mal calculadas das tarefas na fase de planejamento • Motivo desconhecido para problema de cronograma	• Continuará a piorar, atrasando cada vez mais o projeto	• Enfrentar o erro de cálculo no planejamento e reajustar o cronograma, se possível • Criar e implantar uma solução para o problema e depois monitorar o progresso de perto • Trabalhar com pessoas mais próximas do problema, procurando a causa

(cont.)

Fonte: Harvard ManageMentor® sobre Gerenciamento de Projetos (Boston: Harvard Business School Publishing, 2002), 42-44. Adaptado com permissão.

Os projetos em geral experimentam quatro classes de conflito: problemas na estrutura da equipe, problemas interpessoais, problemas de produtividade e problemas no cronograma. O guia para a solução de problemas identifica algumas questões típicas, suas possíveis causas, o impacto potencial e a medida recomendada. Embora não seja de forma alguma completo, você pode achá-lo útil.

Resumo

- Os orçamentos são ferramentas úteis no controle e acompanhamento do desenvolvimento do projeto. As variâncias apontam as áreas que você deve investigar intervir.

- Realize verificações periódicas da qualidade para identificar problemas; depois descubra as causas e lide com elas.

- Use a conclusão de etapas como oportunidades para comemorar o progresso do projeto.

- Cuidado com a diversidade; é ao mesmo tempo uma fonte de forças e de conflitos em potencial.

- Desestimule o conflito e o comportamento não colaborativo.

- Use seu sistema de comunicações para perceber problemas e indicar reações.

A fase de encerramento

Fechando o pacote

Tópicos abordados neste capítulo

- *O valor da fase de encerramento*
- *Como avaliar um projeto finalizado*
- *Como documentar o trabalho do projeto para aprendizado futuro*
- *O uso de uma sessão especial para capturar e transmitir as lições aprendidas*
- *O coroamento do projeto com uma comemoração*

O encerramento deve ser a última fase de todo projeto. A essa altura, a equipe entrega ou relata seus resultados ao patrocinador e interessados e depois examina o próprio desempenho. Os gerentes são propensos a desconsiderar essa fase, uma vez que, em geral, não estão acostumados com atividades de encerramento. Afinal, suas tarefas regulares são contínuas. E sendo pessoas orientadas para a ação, eles estão ansiosos por prosseguir sem olhar para trás depois que um trabalho é terminado.

O encerramento é digno de ser feito, apesar dos hábitos de gerentes ocupados. Ele ajuda os membros da equipe nas questões psicológicas que andam de mãos dadas com importantes transições na vida profissional, e é particularmente relevante quando a equipe se dedicou a um projeto por um longo período. O encerramento proporciona uma oportunidade de pensar nas pessoas que contribuíram — membros da equipe e outros indivíduos que deram conselhos e recursos a certa altura do projeto.

Mais importante, a fase de encerramento dá a todos uma oportunidade de refletir sobre o que foi realizado, o que saiu corretamente, o que deu errado e como o resultado poderia ter sido melhorado. Essas reflexões são a essência do aprendizado organizacional, que pode e deve ser partilhado com outros projetos patrocinados pela empresa.

As atividades de encerramento aqui examinadas são avaliações de desempenho, documentação, lições aprendidas e comemoração.

Nem todos os projetos têm um término claro

Geralmente pensamos que os projetos têm um início e encerramento claros, e um período de trabalho entre eles. Mas nem todo projeto se encaixa nesse molde simples. Alguns simplesmente avançam de uma fase para outra. Um projeto de desenvolvimento de software que tenha finalizado a versão 1.0, por exemplo, pode se transferir de imediato para o planejamento e o trabalho da versão 2.0. O mesmo projeto pode atribuir parte de seu pessoal ao desenvolvimento de complementos para a versão que acaba de ser despachada para o mercado. Mesmo nesses casos, porém, a conclusão do projeto inicial deve coincidir com as atividades de encerramento explicadas nesse capítulo.

Avaliação de desempenho

A avaliação de desempenho preocupa-se com quão bem o projeto se saiu em relação a três fatores-chave incluídos em seu termo de abertura e quaisquer emendas subsequentes:

- **Objetivos ou produtos.** Todos os objetivos foram cumpridos? Os produtos do projeto atenderam às especificações exigidas? Por exemplo, se o termo de abertura exigia o fornecimento de um plano completo para explorar um novo mercado, inclusive informações sobre porte do setor, uma lista de produtos e preços concorrentes e assim por diante, o plano apresentado pelo projeto deve ser avaliado tendo-se como parâmetro cada um desses detalhes.

- **Cronograma.** O projeto concluiu o trabalho no prazo? Se não, a equipe de projeto deve fazer duas coisas: estimar o custo do atraso para a empresa e determinar a causa do atraso no cronograma e como poderia ter sido evitado.

- **Custo.** Quanto foi gasto para concluir o projeto? O custo estava dentro das restrições do orçamento? Se o projeto estourou o orçamento, a equipe deve determinar as causas do excesso de gastos e como essa variância poderia ter sido evitada.

O ideal é que uma parte independente, capaz de fazer uma avaliação objetiva, participe na avaliação pós-projeto.

Documentação

Todo projeto grande produz uma grande variedade de documentos, como minutas de reuniões, dados de orçamento, avaliação do desempenho do encerramento e assim por diante. Esses documentos fazem parte do registro histórico; devem ser recolhidos e guardados.

Por que se incomodar com a documentação? É uma fonte de aprendizado. Considere esse exemplo:

O projeto de estratégia de mercado terminou seu trabalho dois anos atrás e foi digno de elogios. Seu produto — uma análise completa do mercado e um plano para lançar um novo cereal matinal — teve crédito com o lançamento bem-sucedido do CornCrunchies.

Agora Helen, uma jovem gerente de produto da mesma empresa, recebeu a tarefa de organizar e liderar um projeto análogo, desta vez com o objetivo de introduzir o KiddieKrunchies, outro alimento matinal em desenvolvimento. Sem querer reinventar a roda, Helen e os principais membros de seu projeto esperavam aprender com a experiência do CornCrunchies. "Vamos ver como essa equipe organizou e programou o trabalho e como acompanhou o progresso", sugeriu ela.

E assim Helen e sua equipe passaram vários dias vasculhando os documentos arquivados desse projeto anterior. Selecionaram modelos úteis de relatórios, relatórios de pesquisa e gráficos Gantt. Além disso, entrevistaram o gerente de projeto do CornCrunchies e vários participantes importantes. "Essas informações tornarão nossa fase de planejamento muito mais fácil", pensou ela.

A fase de encerramento

179

> *Depois um dos colegas de Helen, Stephen, fez uma descoberta importante. "Um relatório que encontrei nos arquivos cita uma reunião entre nossa equipe de marketing e a Fieldfresh, um importante distribuidor de alimentos no Reino Unido", disse ele. "De acordo com este relatório, a FieldFresh propôs ser o distribuidor exclusivo na Grã-Bretanha para o CornCrunchies, mas nosso pessoal ficou com a Manchester Foods."*
>
> *"E todos sabemos o trabalho ruim que a Manchester tem feito no Reino Unido", intrometeu-se Helen. "Faça uma cópia desse relatório, Stephen. Vamos querer ter a FieldFresh em nossa lista de possíveis distribuidores."*

Neste caso, a equipe de Helen encontrou várias informações úteis na documentação do projeto anterior: uma comprovação do trabalho organizacional em torno da análise e planejamento de marketing, formulários e um possível distribuidor no exterior. Seu projeto pode, da mesma forma, ser uma mina de ouro para as equipes de projeto subsequentes — mas somente se você reunir todos os documentos importantes e guardá-los em formatos acessíveis.

Lições aprendidas

Escrevendo na *Harvard Business Review*, Frank Gulliver identificou o aprendizado como um dos valores importantes no trabalho em projetos — um valor que muitos subestimam. "Se sua empresa é como a maioria", escreve ele, "você passa milhares de horas planejando um investimento, gasta milhões de dólares em sua implementação — e não tem nenhuma avaliação e aprendizado do projeto."[1] Nem toda organização é tão míope. O Exército dos EUA tem mantido seu Centro para Lições Aprendidas há décadas. A missão é aprender o que for possível com cada tipo de operação de combate e transformar esse aprendizado em conselhos práticos que depois serão divulgados aos soldados no campo. Ele solicita constantemente informações dos soldados testados em batalhas, desde as manobras urbanas de guerra até o uso de armaduras e a eficácia de sistemas de alta tecnologia sob condições adversas, como foi vivido nas montanhas do Afeganistão.

O Centro também busca lições importantes fora da experiência do Exército. Um artigo em seu site, por exemplo, documenta e avalia as táticas usadas pelos rebeldes tchetchenos em guerra na cidade de Grozny e os problemas que as forças russas tiveram de enfrentar com esses insurgentes. (Ver *http://call.army.mil* para o Centro de Lições Aprendidas do Exército.)

A maioria dos executivos acredita estar anos-luz à frente dos militares em matéria de gerenciamento. Mas as lições aprendidas são uma área na qual o setor privado pode aprender algo. E muito desse aprendizado pode ser encontrado nas operações de equipe de projeto e em seus relatórios.

As lições aprendidas devem fazer parte de toda operação de encerramento. Os participantes do projeto devem se reunir para identificar o que deu certo e errado. Eles devem fazer uma lista de seus sucessos, erros, pressupostos injustificados e atividades que poderiam ter sido feitas de uma maneira melhor. Essa lista deve fazer parte do registro documentado.

Quatro lições

Em um artigo da *Harvard Business Review*, Frank Gulliver aponta quatro lições principais que ele e a British Petroleum aprenderam por intermédio de Avaliações Sistemáticas Pós-Projeto (ASP). São estas:

1. **Determine o custo com mais precisão.** Antes da ASP, os planejadores da British Petroleum previram imprecisamente o escopo de seus projetos. Na maioria dos casos, isso leva a orçamentos de projeto equivocadamente baixos.

2. **Preveja e minimize o risco.** A empresa aprendeu, com sua experiência em aquisições e expansões de fábrica, que os planejadores de projeto devem reservar um tempo a mais para estudar questões de mercado.

A fase de encerramento

3. **Avalie os terceirizados.** A ASP leva ao estabelecimento de uma unidade de avaliação de terceirizados dedicada a julgar as qualificações e monitorar o desempenho destes.

4. **Melhore o gerenciamento de projeto.** Sob as recomendações da ASP, a empresa criou um departamento de projetos para ajudar seus engenheiros a desenvolver know-how para se tornarem gerentes qualificados.

Fonte: Frank R. Gulliver, "Post-Project Appraisals Pays", *Harvard Business Review*, março-abril, 1987, 128-130.

Eis aqui uma lista parcial de perguntas que devem ser feitas na sessão de lições aprendidas:

- Em retrospecto, nossos pressupostos foram sólidos?

- Nós nos demos ao trabalho de testar os principais pressupostos?

- E nossas estimativas de tempo — nós subestimamos ou superestimamos a duração das tarefas?

- Nossas reuniões foram produtivas ou uma perda de tempo?

E a pergunta definitiva: Se pudéssemos começar tudo de novo amanhã, o que mudaríamos?

Faça uma lista sistemática dessas lições, agrupadas por tópico (por exemplo, planejamento, orçamentação, execução etc.) e organizada em um formato semelhante ao da Tabela 12.1. Torne esse documento disponível a todas as equipes de projeto subsequentes. Ao lado dos produtos, essas lições podem ser o resultado mais valioso de sua experiência de projeto.

182 Gerenciando projetos grandes e pequenos

TABELA 12.1
Lições aprendidas no projeto

Fase do projeto/ tarefa	O que funcionou	O que não funcionou	Podem melhorar
Planejamento/ estimativas de tempo		O tempo subestimado para concluir as tarefas. Atrapalhou o cronograma.	Ser mais sistemático ao fazer estimativas. Nada de conjecturas precipitadas. Conseguir aconselhamen to de especialistas.
Execução/controle de orçamento	O relatório bissemanal de orçamento identificou variâncias antes que elas pudessem sair do controle.		Subestimou o orçamento do desenvolvimento terceirizado do software. Da próxima vez, incluir um de nossos funcionários de TI na equipe.

Fonte: Harvard ManageMentor® sobre Gerenciamento de Projeto (Boston: Harvard Business School Publishing, 2002), 54. Reproduzido com permissão.

Colocando o aprendizado em prática

Uma maneira de colocar em prática as lições aprendidas é estabelecer a continuidade de pessoal entre os projetos que sua empresa lança. Por exemplo, se a empresa acabou de concluir um projeto de desenvolvimento de software, certifique-se de que, se as exigências de habilidade permitirem, vários veteranos desse projeto sejam designados para o seguinte. Esses veteranos trarão lições do primeiro projeto e serão fontes de experiência e know-how para os membros de primeira viagem no projeto.

A comemoração

Se seguiu os conselhos dados anteriormente, você começou formalmente seu projeto com uma reunião de lançamento e talvez algumas festividades. O patrocinador compareceu ao evento e traçou um quadro mental da jornada que vocês estão prestes a começar e o que o projeto objetivava realizar. O CEO estava presente para explicar a importância do projeto para a empresa e para todos os seus funcionários.

No fechamento do projeto, faça algo semelhante, com o mesmo elenco de personagens refletindo sobre o que foi feito e sobre o impacto do projeto para a empresa. Se o projeto foi um sucesso, certifique-se de convidar quaisquer clientes, fornecedores e funcionários externos ao projeto que tenham ajudado na jornada. Se o projeto fracassou em completar toda a lista de objetivos, destaque o esforço que as pessoas fizeram e as metas que alcançaram.

O gerente de projeto deve usar a ocasião para agradecer a todos que ajudaram e participaram. Depois disso, é hora de estourar o champanhe e comemorar o final de seu projeto.

Resumo

- Avalie o desempenho do projeto com base nos objetivos do termo de abertura ou nos produtos, e a adesão ao cronograma e ao custo.

- A documentação do projeto cria um registro para aprendizado futuro.

- No final do projeto, use uma reunião informal para trazer à tona os muitos elementos que levaram ao sucesso ou ao fracasso. Faça uma lista sistemática desses itens e torne-a disponível para as equipes de projetos futuros.

- Use uma reunião de encerramento para dar um final formal ao projeto, comemorar os êxitos, retomar as lições e agradecer a todos os participantes.

APÊNDICE A

Ferramentas de implementação úteis

Esse apêndice contém várias ferramentas que podem ajudar você a ser mais eficaz na formação de uma equipe, no gerenciamento de seu progresso e na abordagem de problemas típicos. Todos os formulários são adaptados do Harvard ManageMentor, um produto online da Harvard Business School Publishing.

1. **Definir seu projeto (Figura A.1).** Esse formulário o ajudará a descobrir as questões e parâmetros da essência de seu projeto.

2. **Estrutura analítica do projeto (Figura A.2).** Use esse formulário para desenvolver uma estrutura analítica do projeto a fim de garantir que não sejam desprezadas partes significativas de uma atividade complexa ou que o tempo e o dinheiro necessários para concluir o trabalho não sejam subestimados. Use várias páginas, se necessário.

3. **Relatório de progresso do projeto (Figura A.3).** Use esse formulário para ajudar a avaliar o progresso, apresentar informações a terceiros e pensar nos passos seguintes. Para conveniência dos leitores, uma versão para download dessa ferramenta pode ser encontrada no site da série Harvard Business Essentials: *www.elearning.hbsp.org/businesstools.*

186 Gerenciando projetos grandes e pequenos

FIGURA A.1
Definir seu projeto

Revele os problemas e parâmetros na essência do projeto

O projeto "real"
Qual é a necessidade ou propósito percebidos para o que estamos tentando fazer?
O que levou as pessoas a verem isso como um problema que precisa ser resolvido?
Quais critérios as pessoas usarão para julgar esse projeto um sucesso?

Os interessados
Quem tem interesse na solução ou no resultado?
Quais funções ou pessoas as atividades ou resultados do projeto podem afetar?
Quem contribuirá com recursos (profissionais, espaço, ferramentas, dinheiro)?

Habilidades necessárias para o projeto	
Habilidade necessária	Possível membro da equipe
1.	1.
2.	2.
3.	3.
4.	4.
5.	5.

Fonte: Harvard ManageMentor® sobre Gerenciamento de Projeto (Boston: Harvard Business School Publishing, 2002), 50. Reproduzido com permissão.

Ferramentas de implementação úteis   187

FIGURA A.2
Estrutura analítica do projeto

Descreva o projeto geral:

Principal tarefa	Subtarefas nível 1	Subtarefas nível 2	Duração das subtarefas nível 2

Duração total (horas/semanas/dias)

Principal tarefa	Subtarefas nível 1	Subtarefas nível 2	Duração das subtarefas nível 2

Duração total (horas/semanas/dias)

Fonte: Harvard ManageMentor® sobre Gerenciamento de Projeto (Boston: Harvard Business School Publishing, 2002), 51. Reproduzido com permissão.

188 Gerenciando projetos grandes e pequenos

FIGURA A.3
Relatório de progresso do projeto

Projeto:	Preparado por:
Para o período de:	Para:

Status atual	
Marcos para esse período:	
Realizados (liste)	A seguir (liste)
Principais questões ou problemas:	
Resolvidos (liste)	Precisam de solução (liste)

Principais decisões:			
Tomadas (liste)	Precisam ser tomadas (liste)	Por quem	Quando

Status do orçamento:

Implicações

Liste mudanças nos objetivos, prazos/datas de entrega, escopo do projeto e alocação de recursos (inclusive pessoal e financeiro).

Próximos passos

Liste as medidas específicas que serão tomadas para ajudar o projeto a avançar com sucesso. Coloque um nome e uma data ao lado de cada medida, se possível.

Passo	Pessoa responsável	Data

Comentários:

Fonte: Harvard ManageMentor® sobre Gerenciamento de Projeto (Boston: Harvard Business School Publishing, 2002), 52. Reproduzido com permissão.

APÊNDICE B

Um guia para reuniões eficazes

As reuniões são uma realidade na maior parte do trabalho organizacional, e o mesmo acontece com os projetos. Como são tão frequentes e importantes, é do interesse do projeto tornar essas reuniões o mais eficazes possível. Você pode conduzir reuniões eficazes se prestar atenção a esses importantes aspectos das reuniões: preparação, o processo da reunião em si e o seguimento. Esse guia foi adaptado de Harvard ManageMentor, um produto online da Harvard Business School Publishing.

Prepare-se

Você sem dúvida compareceu a reuniões para as quais havia pouca ou nenhuma preparação. Essas reuniões chegaram a algum resultado? Provavelmente não. Em alguns casos, o propósito da reunião não era claro desde o começo. Em outros, não foi convidada uma ou mais pessoas que precisavam estar presentes para a tomada de uma decisão. Você pode evitar esses erros seguindo essas regras sensatas:

• Assegure-se de que suas reuniões são necessárias. As reuniões tomam tempo de todos à mesa. Se puder realizar seu objetivo sem convocar uma reunião, faça-o.

Gerenciando projetos grandes e pequenos

- Esclareça os objetivos de cada reunião. Todos os participantes devem ser capazes de responder a essa pergunta: Por que estou aqui? Se o objetivo é tomar uma decisão, certifique-se de que todos entendam isso antecipadamente, e que tenham tempo e material para se prepararem.

- Envolva as pessoas certas. Convide somente aquelas que têm algo a contribuir, cuja participação é necessária, ou que possam aprender com a discussão.

- Forneça uma pauta antecipadamente. Ela identifica indiretamente o objetivo da reunião.

- Ouça os principais participantes com antecedência. Você estará mais bem preparado para uma reunião se souber antes o que os principais participantes pensam sobre itens importantes da pauta. O que você aprende pode sugerir uma alteração na pauta.

- Insista que as pessoas estejam preparadas. Isso significa estar preparado para acelerar as questões, levar documentos, relatórios ou objetos físicos relevantes e estar pronto a colaborar com a discussão e com a tomada de decisão.

Durante a reunião

A boa preparação o deixará pronto para essa segunda fase. Aqui você deve:

- Declarar o propósito da reunião. Embora você já tenha dito isso quando convidou as pessoas à reunião, é sempre inteligente reiterar o propósito.

- Permita que todos se manifestem. Se uma ou duas pessoas estão dominando a conversa, ou se alguns participantes são tímidos demais para se expor, diga: "Obrigado por suas ideias, Phil. O que você pensa deste problema, Charlotte?"

- Evite que a discussão se perca. As reuniões que se desviam das principais questões rapidamente degeneram-se em sessões de bate-papo que desperdiçam tempo.

Um guia para reuniões eficazes

- Termine com uma confirmação e um plano de ação. Sua reunião deve levar a alguma ação. "Muito bem, decidimos contratar a DataWhack para instalar os novos servidores. E, como foi acordado, eu obterei a ordem de compra, Bill telefonará para o pessoal de vendas e criará o cronograma e Janet começará a procurar alguém para retirar o equipamento antigo."

Seguimento

Depois que a reunião termina, todos ficamos tentados a relaxar e dizer: "Que bom que isso acabou." Mas não acabou se você liderou a reunião ou concordou em aceitar a responsabilidade por medidas que dela emanaram.

O líder da reunião deve rapidamente fazer o seguimento com um memorando rápido no mesmo espírito desse:

De: Richard
Para: Equipe de Projeto de TI

Obrigado por suas contribuições para a reunião desta manhã. Escolhemos a DataWhack como fornecedor dos novos servidores. Vejo isso como uma boa escolha e uma decisão que nos coloca um passo mais próximo da conclusão de nosso projeto. As medidas a serem tomadas a partir dessa decisão são as seguintes:

- *Eu obterei a ordem de compra.*

- *Bill entrará em contato com o pessoal de vendas sobre o cronograma.*

- *Janet começará a procurar alguém para retirar os velhos servidores.*

Vamos concluir essas tarefas esta semana. Depois podemos partir para a tarefa seguinte do cronograma.

Esse tipo de memorando estimula as pessoas dizendo que elas estão um passo mais próximas da meta e lembra a alguns participantes das medidas que eles concordaram em tomar.

Notas

Capítulo 1

1. Lynda M. Applegate, Robert D. Austin e F. Warren McFarlan, *Corporate Information Strategy and Management*, 6 ed. (Burr Ridge, IL: McGraw-Hill/Irwin, 2002), 278.
2. Gregory H. Watson, *Strategic Benchmarking* (Nova York: John Wiley & Sons, 1993), 114-115.
3. Para uma discussão de líderes pesos-pesados, pesos-leves e equipes essenciais, ver Steven C. Wheelwright e Kim B. Clark, *Leading Product Development* (Nova York: Free Press, 1995), 81-85.

Capítulo 2

1. Richard Leifer, Christopher McDermott, Gina Colarelli O'Connor, Lois Peters, Mark Rice e Robert Veryzer, *Radical Innovation* (Boston: Harvard Business School Press, 2000), 163.
2. Jeffrey T. Polzer, "Leading Teams", Class note N9-403-094 (Boston: Harvard Business School, 2002), 7.
3. Jon R. Katzenbach e Douglas K. Smith, "The Wisdom of Teams", *Harvard Business Review*, março-abril de 1993, 118.
4. As características essenciais listadas aqui são amplamente retiradas de duas importantes linhas de raciocínio sobre equipes. A competência e o compromisso com uma meta comum refletem o trabalho de Jon R. Katzenbach e Douglas K. Smith, cujo popular livro *The Wisdom of Teams* foi lançado em 1993. J. Richard Hackman é a fonte de outras duas características essenciais do sucesso das equipes: uma estrutura favorável e um ambiente de apoio. *Leading Teams*, de Hackman, foi

194   Gerenciando projetos grandes e pequenos

publicado em 2002. Para outras ideias importantes sobre equipes e seu gerenciamento, ver a lista de livros e artigos em Leituras Recomendadas no final deste livro.
5. Para uma discussão de equipes pesos-pesados e líderes de equipe, ver Steven C.
Wheelwright e Kim B. Clark, *Leading Product Development* (Nova York: Free Press,
1995), 81-85.

Capítulo 3

1. J. Richard Hackman, *Leading Teams* (Boston: Harvard Business School Press,
2002), 83.
2. Ibid, 74.

Capítulo 4

1. Thomas J. Allen, "Communication Networks in R&D Labs", *R&D Management* 1,
1971, 14-21.
2. Marc H. Meyer e Alvin P. Lehnerd, *The Power of Product Platforms* (Nova York:
Free Press, 1997), 137.

Capítulo 9

1. Robert D. Austin, "Project Management and Discovery", *Science's*, Next Wave, 12
de setembro de 2002, *disponível em http://nextwave.sciencemag.org/cgi/content/full/
2002/09/10/4* (acessado em 4 de setembro de 2003).
2. Ver Robert Austin, "The Effects of Time Pressure on Quality in Software Development:
An Agency Model", *Information Systems Research* 12, nº 2 2001, 195-207.
3. Lynda M. Applegate, Robert D. Austin e F. Warren McFarlan, *Corporate Information
Strategy and Management*, 6 ed (Burr Ridge, IL: McGraw-Hill/Irwin, 2003), 269-270.
4. Robert Austin, "Project Management and Discovery", *Science's*, Next Wave, 12 de
setembro de 2002, *disponível em http://nextwave.sciencemag.org/cgi/content/full/
2002/09/10/4* (acessado em 4 de setembro de 2003).

Capítulo 10

1. Jon R. Katzenbach e Douglas K. Smith, "The Discipline of Teams", *Harvard Business Review*, março-abril de 1993, 118.
2. Ibid.

Capítulo 11

1. Jeffrey T. Polzer, "Leading Teams", Class note N9-403-094 (Boston: Harvard Business School, 2002), 15.

Capítulo 12

1. Frank R. Gulliver, "Post-Project Appraisals Pay", *Harvard Business Review*, março-abril de 1987, 128-130.

Glossário

COMITÊ DIRETOR DO PROJETO. Uma entidade de projeto que aprova o termo de abertura do projeto, garante recursos e julga todas as solicitações para mudar elementos importantes do projeto, inclusive produtos, cronograma e orçamento.

DEFASAGEM. Uma relação entre tarefas onde uma tarefa deve esperar o início e a conclusão parcial de outra.

DIAGRAMA DE RELAÇÕES. Um gráfico de cronograma que revela todas as relações dependentes entre tarefas. Também revela o caminho crítico. Em geral sinônimo de gráfico PERT.

DO COMEÇO AO FIM. Uma relação entre tarefas na qual uma tarefa deve terminar antes que outra comece.

EQUIPE DE PROJETO. Uma equipe organizada em torno de uma tarefa que foge da rotina e tem duração limitada.

ESTRUTURA ANALÍTICA DO PROJETO (WBS). Uma rotina de planejamento que decompõe a meta de um projeto nas muitas tarefas necessárias para sua realização. O tempo e o dinheiro necessários para concluir essas tarefas são então estimados.

FACILITADOR. Uma pessoa, em geral consultor ou treinador de recursos humanos que ajuda os membros da equipe a trabalharem juntos com eficácia.

GARGALO. Qualquer tarefa no caminho crítico que provoque o acúmulo de trabalho.

GERENCIAMENTO DE PROJETO. A alocação, acompanhamento e utilização de recursos para realizar um determinado objetivo dentro de um período específico de tempo.

GERENTE DE PROJETO. A pessoa encarregada de planejar e preparar o cronograma de tarefas do projeto e de gerenciar o cotidiano da execução do projeto.

GESTÃO DE RISCO. A parte do processo de planejamento que identifica os principais riscos e desenvolve planos para evitá-los e/ou mitigar os efeitos adversos de sua ocorrência.

GRÁFICO GANTT. Um gráfico de barras com tarefas listadas na coluna da esquerda e ajustadas a blocos de tempo adequados. Esses blocos indicam quando uma tarefa deve começar, com base nas relações entre as tarefas, e quando deve terminar.

HABILIDADE DE SOLUÇÃO DE PROBLEMAS. A capacidade do indivíduo de analisar diferentes situações ou impasses e elaborar soluções.

HABILIDADE INTERPESSOAL. A capacidade de trabalhar com eficácia com os outros — uma característica muito importante para o trabalho em equipe.

HABILIDADE ORGANIZACIONAL. A capacidade de se comunicar com outras unidades, conhecer o panorama político da empresa e a posse de uma rede e de relações.

HABILIDADE TÉCNICA. Expertise específica para cada setor — pesquisa de mercado, programação de software e assim por diante. Em geral é adquirida com treinamento ou educação especial.

INTERESSADO. Qualquer um que tenha interesse no resultado de um projeto, que julgará o sucesso ou fracasso do projeto.

MÉTODO DO CAMINHO CRÍTICO. Uma técnica de planejamento usada para projetos complexos que consiste em várias atividades individuais. Se uma dessas atividades, ou mais, precisar ser concluída antes que as outras possam avançar, então essa atividade é dita "crítica" — e necessária para o sucesso do projeto no prazo. A duração total do projeto é definida pelo caminho crítico.

ORÇAMENTO. A tradução de planos em gastos mensuráveis e retornos previstos em certo período de tempo.

PATROCINADOR. Um gerente ou executivo que tem interesse no resultado de uma equipe e autoridade para definir e aprovar seu trabalho.

PLANO DE CONTINGÊNCIA. Um curso de ação preparado para se antecipar à ocorrência de um problema em potencial. Responde a essa pergunta: "Se X acontecer, como poderemos reagir de forma eficaz?"

PROJETO. Um conjunto de atividades que visa a produzir um produto único (por exemplo, um novo avião comercial) e que é vinculado ao tempo, com pontos de início e de fim claros.

SALA DE EQUIPE. Um espaço físico dedicado ao trabalho da equipe de projeto. A sala de equipe é usada para reuniões, encontros informais e a exibição e armazenamento de artefatos e documentos que são fundamentais para a missão da equipe.

TÉCNICA DE AVALIAÇÃO E ANÁLISE DE DESEMPENHO (PERT). Um método de preparação de cronogramas que, em um gráfico, representa cada tarefa como um nó que se conecta com outros nós necessários para concluir o projeto. Um gráfico PERT pode ter muitas redes paralelas e interconectadas de tarefas, de modo que devem ser feitas análises periódicas para os projetos complexos. Ao contrário do gráfico Gantt, ele indica todas as relações importantes entre tarefas e marcos do projeto.

TERMO DE ABERTURA. Uma descrição, concisa e por escrito, do trabalho pretendido pelo projeto. O termo de abertura pode conter o nome do patrocinador, um prazo, uma descrição dos produtos, os benefícios para a empresa e um orçamento.

VARIÂNCIA. A diferença entre os resultados reais e os resultados esperados no orçamento. Pode ser favorável ou desfavorável. Os gerentes a usam para localizar fontes de problemas e desempenho excepcional.

Leituras Recomendadas

Notas e Artigos

GULLIVER, Frank. R., "Post-Project Appraisals Pay", *Harvard Business Review.* Boston: Harvard Business School Publishing, 1987. A British Petroleum (BP) começou a operar uma unidade de avaliação de projeto — uma equipe de analistas e investigadores internos que avaliavam meticulosamente projetos vários anos após eles terem sido concluídos para saber por que tiveram sucesso ou fracassaram. O autor explica como o processo de avaliação ajudou os gerentes a serem mais precisos no desenvolvimento de propostas de projetos e mais eficientes em sua implementação. Ele também indica que todo projeto da BP gerou um retorno sobre investimento pelo menos tão alto quanto a previsão do projeto.

HARVARD BUSINESS SCHOOL PUBLISHING. *Project Management Manual.* Boston: Harvard Business School Publishing, 2002. Um breve manual sobre a organização e o gerenciamento de um projeto até sua conclusão.

PINTO, Jeffrey K. e Kharbanda Om P. "How to Fail in Project Management (Without Really Trying)". *Business Horizons.* Bloomington, in: Indiana University, 1996, 45-53. As técnicas de gerenciamento de projetos encontraram ampla aceitação como um meio de apressar o desenvolvimento de produto, fazer uso eficiente de recursos e estimular a comunicação interfuncional. Não só empresas de fabricação, mas também escritórios de advocacia, hospitais e governos aceitaram o gerenciamento de projeto como parte indispensável de suas operações. No entanto as falhas e completos desastres são abundantes. Um estudo dessas tentativas malsucedidas indica uma dezena de métodos que seguramente condenam um projeto.

HARVARD BUSINESS SCHOOL PUBLISHING. "What You Can Learn from Professional Project Managers", *Harvard Management Update.* Boston: Harvard Business

School Publishing, 2001. As empresas que gerenciam projetos de grande capital ou uma multiplicidade de projetos simultâneos há muito reconheceram a necessidade de expertise nas técnicas de planejamento, preparação de cronograma e controle. Mas, na última década, as empresas que não são orientadas para projetos — em especial aquelas que pensam que vendem soluções no lugar de produtos — também perceberam o mesmo. Como resultado, o gerenciamento de projeto tem se tornado cada vez mais importante e complexo. Esse artigo delineia como as empresas podem se beneficiar do profissionalismo nessa área.

Livros

FRAME, J. Davidson. *The Project Management Competence: Building Key Skills for Individuals, Teams, and Organizations*. San Francisco: Jossey-Bass, 1999. Como outras artes gerenciais, o gerenciamento de projeto eficaz requer habilidade nos níveis individual, de equipe e organizacional. Esse livro mostra como a habilidade no gerenciamento de projetos nesses níveis se concatena com resultados de sucesso. Explica as competências necessárias aos gerentes de projeto e como eles devem ser apoiados pela empresa.

KERZNER, Harold. *Appplied Project Management: Best Practices on Implementation*. Nova York: John Wiley & Sons, 2000. Este livro contém comentários de gerentes sobre seus processos de tomada de decisão, inclusive seus sucessos e fracassos, na implantação do gerenciamento de projeto. Vinte e cinco estudos de caso destacam questões, problemas e soluções importantes no gerenciamento de projeto. Também inclui comentários sobre o benchmarking das melhores práticas.

MINGUS, Nancy. *Alpha Teach Yourself Project Management in 24 Hours*. Indianápolis, IN: Alpha Books, 2002. Um guia, passo a passo, de 24 lições para a formação e o gerenciamento de um projeto.

SCHMALTZ, David A. *The Blind Men and the Elephant*. San Francisco: Berrett-Koehler Publishers, 2003. Usando a conhecida metáfora de seis cegos que não conseguem descrever um elefante para os outros, esse autor procura a causa de dificuldades no trabalho de projeto. Essa causa, segundo ele descobriu, é a incapacidade de um grupo de colegas criar significado comum com sua experiência de projeto compartilhada.

Sobre o consultor

ROBERT D. AUSTIN é membro do corpo docente do curso de Gerenciamento de Operações e Tecnologia da Harvard Business School. Sua ampla experiência no gerenciamento efetivo de projetos vem do fato de ser executivo em uma nova empresa criada por uma importante firma de tecnologia, e também por seus dez anos na Ford Motor Company.

A pesquisa do prof. Austin concentra-se no gerenciamento da tecnologia da informação e de atividades não repetitivas e de grande aprendizado. Ele é autor de quatro livros: *Artful Making: What Managers Need to Know About How Artists Work* (em coautoria com Lee Devin, 2003), *Corporate Information Strategy and Management* (em coautoria com Lynda M. Applegate e F. Warren McFarlan, 2003), *Creating Business Advantage in the Information Age* (também em coautoria com Applegate e McFarlan, 2002) e *Measuring and Managing Performance in Organizations* (1996).

Índice

ajustes e *trade-offs* em projetos
  desafios de prazo, 118-119
  desconexão possível entre interessados e
    realidade, 117-118
  produtos do projeto e, 120-121
  recursos disponíveis e, 119-120
  resumo, 123
  revisando tarefas e prazos, 121-123
Allen, Tom, 84
Applegate, Lynda, 23, 141
auditoria de risco, 128-129
Austin, Robert, 23-24, 87, 137, 141, 144

caminho crítico, determinação do, 109
Clark, Kim, 27
colocação para membros de equipe, 84-85
comitê geral, 49-50
comparecimento, políticas de, 81-82
conferência por telefone, 83-84
conflitos, gerenciamento de
  guia de solução de problemas, 172-173
  questões pessoais e, 164-167, 169
contexto para projetos
  colocação, 84-85
  comunicação para grandes grupos, 80-83
  desenvolvimento de orçamento, 88-89
  documentação, 78-79
  identificação de questões não resolvidas,
    76-77

necessidade de plano de comunicação, 79-80
resumo, 90
sala da equipe e, 85-88
tomada de decisão, 72-77
criação rápida e interativa de protótipo, 142-143
cronograma, esboço de
  determinação do caminho crítico, 109
  dicas para, 111
  gráficos de Gantt, 107-108
  gráficos PERT, 109-110
  propósito de, 107-108
cronograma, preparação de
  criação de esboço (*ver* esboço de
    cronograma)
  otimização do cronograma, 111-112
  planejamento do projeto, 27-28
  relações entre tarefas, 105-107
  resumo, 114
  software para, 113

decisão, tomada de
  abordagens a, 75-76
  escopo do gerente, 74
  escopo do patrocinador, 73-74
  importância dos procedimentos, 75
desempenho, avaliação de, 177-178
desvios na missão, 163-164
documentação, 78-79, 178-179

206 Gerenciando projetos grandes e pequenos

e-mail, 82-83
encerramento
  avaliação de desempenho, 177-178
  comemoração, 183
  importância de, 29, 176
  lições aprendidas, análise de, 179-182
  manutenção de documentação, 178-179
  resumo, 183
equipes eficazes, características de
  alinhamento com a organização, 58-59
  ambiente de apoio, 56-58
  competência, 50
  compromisso com a meta, 53-55
  contribuições e benefícios, 55-56
  metas comuns e claras, 51-52
escopo, definição de, 67-70
estrutura analítica do projeto (WBS)
  análise de custo e habilidades, 97
  atribuições de trabalho, 97-98
  decisão de continuar, 101
  dicas para, 95
  resumo, 102
  subdivisões de tarefas, exemplos de, 93-95,
    98-100, 187
  tempo, estimativas de, 96-97

Gantt, gráficos de, 107-108
gerenciamento adaptativo de projetos
  criação rápida e iterativa de protótipo, 142-
    143
  elementos da, 141-142
  papel do patrocinador, 32-34, 73-74, 143-
    144
  resumo, 145
gerente de projeto
  autoridade e deveres, 35-36
  necessidade de informações, 170
  papel na tomada de decisão, 74
gestão de risco

abordagem adaptativa (ver gerenciamento
  adaptativo de projeto)
atribuições pessoais e, 134
auditoria do risco, 128-129
descrição, 12-13, 127-128
evitando ou minimizando riscos, 130-132
fontes de risco imprevisto, 138-139
planejamento de contingência, 132-134
projetos de TI e, 138-139
qualificação do risco, 129-130
resumo, 134
tendência dos participantes de esconder
  problemas, 139-140
tipos de risco, 126-127
glossário, 197-199
Gulliver, Frank, 179-180

habilidade de um membro da equipe, avaliação de, 45-47
Hackman, Richard, 65

identificação de questões não resolvidas, 76-
  77
integração, criação de mecanismo de, 151,
  154-155
interessados em projetos, 25, 170-171

Katzenbach, Jon, 47-48, 149, 152-153

lançamento, reunião de
  importância da, 148-149
  tarefas a realizar durante, 150-151, 154
Leading Teams (Hackman), 65
Lehnerd, Al, 85
Leifer, Richard, 33
lições aprendidas, análise de, 179-182
líder de equipe
  características de, 40-41
  como escolher, 41-42

como iniciador, 36-37
como membro trabalhador, 40-41
como modelo, 38
como negociador, 38-39
como ouvinte, 39
como preparador, 40
contribuição exigida, 56-57
escolha de um em vários, 41-42
lista de afazeres, 42
limitado ao Tempo, Realista, orientado para a Ação, Mensurável e Específico (TRAME), 65

McFarlan, Warren, 23, 141
membros da equipe
acrescentando e subtraindo membros, 47-48
avaliação de habilidades, 45-48
colocação e, 84-85
estabelecimento de normas de comportamento, 152-154
lista de afazeres, 49
necessidade de informações, 171
questões com (ver questões pessoais)
recrutamento, 49
tamanho ideal de equipe, 48
métodos de seleção, 43-45
sala de equipe, 85-88
Meyer, Marc, 85
minutas para documentação, 78-79
monitoramento e controle do projeto
criação de um sistema para, 162-163
desvios na missão, 163-165
guia de solução de problemas, 172-173
marcos, 161-162
monitoramento da variância no orçamento, 159-161
plano de comunicação e, 170-171

questões pessoais (ver questões pessoais)
resumo, 174
verificações de qualidade, 161

objetivo, definição de
identificação do destino, 22-23
identificação de questões essenciais, 24-25, 186
necessidade de ser específico e mensurável, 23-24
uso do diálogo e, 24
Olson, Gary e Judith, 834
orçamento
desenvolvimento, 88-90
monitoramento da variância, 31539-316331
organização do esforço, 263-27

patrocinador do projeto
autoridade e deveres, 32-34
necessidade de informações, 170
papel no gerenciamento adaptativo de projeto, 143-144
papel na tomada de decisão, 73-74
PERT, gráficos, 109-110
pesos-pesados numa equipe, 26-27
plano de comunicação
conferência por telefone, 83
dicas para, 80
política de comparecimento, 81-82
necessidade de, 79-80
necessidade de informação de principais participantes, 170-171
reuniões, 81, 189-191
uso de e-mail, 82-83
videoconferência, 83-84
Polzer, Jeffrey, 46-47, 168
pós-projeto, avaliação, 180-181
prazos/estimativa para projeto, 66-67, 96-97

Gerenciando projetos grandes e pequenos

processo, formalização do, 87-88

progresso, relatórios de, 78-79

projeto, gerenciamento de

comitê geral, 49-50

definição de, 9

eficaz, benefícios de, 10

encerramento (ver encerramento)

execução do projeto, 28-29

gerente, 35-36, 74, 170

gestão de risco e (ver risco, gestão de)

guia de solução de problemas, 172-173

guia para reuniões eficazes, 189-191

líder da equipe (ver líder de equipe)

membros da equipe (ver membros da equipe)

modelo de fluxograma, 20-21

objetivo, definição de, 22-25, 186

organização do esforço, 26-27

origem, 10-12

patrocinador, 32-34, 73-74, 143-144, 170

planejamento do projeto, 27-28

profissionalismo crescente de, 12-13

relatórios de progresso, 78-79, 188

restrições sobre (ver ajustes e trade-offs em projetos)

resumo de pessoal, 59

resumo, 30

projeto, termo de abertura do

elementos, 62-64

esclarecendo objetivos, 64-66

escopo do projeto e, 67-70

especificação de meios e fins, 65-66

especificação de prazo, 66-67

importância do, 63-64

resumo, 70

questões pessoais

conselhos para lidar com as pessoas, 168-169

geração de comportamento colaborativo, 167-169

gerenciamento de conflitos, 165-167, 169

Radical Innovation (Leifer), 33

recompensas para membros de equipe, 55

rede, diagrama de, 109-110, 106

reuniões, 81, 189-191

Smith, Douglas, 47-48, 149, 152-153

software, cronograma de, 113

Strategic Benchmarking (Watson), 26-27

tecnologia da informação, projetos e risco, 138-139

tecnologia, reunião com

conferência por telefone, 83

uso de e-mail, 82-83

videoconferência, 83

Veraldi, Lew, 26

videoconferência, 83

Watson, Gregory, 26

Wheelwright, Steven, 27

Este livro foi composto na tipologia Minion, em
corpo 11/16, e impresso em papel off-set 90g/m²
no Sistema Cameron da Divisão Gráfica
da Distribuidora Record.